曽我量深

真宗の眼目

法藏館

はしがき

わが日本人は鎌倉時代にいたって、始めて自覚の域に達したといわれるが、それに先だつ平安朝末期に、世の道俗貴賤が徒らに未来の往生浄土の観念に没頭する時、天台の源信が『往生要集』を作って、人間誕生の産声をあげたことは、仏教日本の自覚史上看過してはならぬ一大事実である。わが祖聖親鸞が『正信偈』において『極重悪人唯称《スベシ》レ仏《ヲ》我《モ》亦《タ》在《リ》二彼《ノ》摂取《ノ》中《ニ》一、煩悩障《ヘテ》レ眼《ヲ》雖《トモ》レ不《ト》レ見《タテマツラ》、大悲無《クシテ》レ倦《キコト》常《ニ》照《シタマフ》レ我《ヲ》』と、その教学の眼目を明らかにして、広大恩徳を讃仰し、濁世末代の目足たる彼の不朽の功績を顕彰したことは、特に我々の銘記すべき所である。

この一篇は去る昭和十五年八月福井県三国新保、三浦叩石氏方での三日間の講話の記録である。

昭和二十四年四月

曽我量深

目　次

真宗の眼目

第一講　現生不退の自覚原理としての欲生我国の招喚勅命

親鸞聖人が『教行信証』を御製作になり、浄土真宗をお開きになりましてから既に七百三十年余りになっているのであります。無論その七百年の間には覚如・存覚・蓮如その外、法の燈火を掲げられましたところの、幾多の先覚者が現われて下されたのであります。それにもかかわらず真宗のおみのりというものは、今日に至るまで、依然未来往生という一事に集中されておりまして、現生不退・平生業成を口にしつつ、結局臨終現前の域を脱しておらない状態を続けているのであります。多くの人には真宗の重要な先決問題は、指方立相であると考えられているようでありますが、指方立相はなるほど浄土教一般の上からは重要な問題であるに違いないのであります。しかしながら浄土真宗の立場から申しますれば、指方立相というようなことは、死活問題というような問題でも何でもない。何故かと申しますれば、我が開山聖人の『教行信証』並びに蓮如上人の『御文』を拝読いたしますと、真宗の要義は、『大無量寿経』本願成就の文によって、南無阿弥陀仏の名号を行体として、それに就いて一念帰命、平生業成、現生不退ということを明らかに教えて下さるのでございます。その外に真宗はないのである。既に『教行信証』「信巻」の初めにおいて「無上の妙果成じ難きに非ず、真実の信楽真に獲ること難し」と仰せられまして、真宗の教の要点は、未来の無上の妙果を成ずるというところに存するのではなく、それが真因たる一念帰命の信心を獲るというところに、その中心があるのであります。未来の十万億土の浄土に往生し、そうして成仏するということは勿論、経典を拝読致しますというと、仏法一般の本来の終局の理想目的であるに違いはないのであります。しかしながら問題を更に転じて、如何にして往生し如何にして成仏するかという実践実行が、更に第二の特殊的事実的の重要問題となって来るのであります。大体『大無量寿経』の仏の本願の要点は正しく其処にある。則ち第十八願というものは一応いいまするというと、因位本願の当分として十方衆生未来の往生成仏をご誓約になりました本願であるに間違いないのであります。けれども更にこれを深く拝読致しまするというと、その未来往生成仏ということを単なる抽象的理想とせず、今現生において具体的なる現行の事実として決定するにはどうしたらよいかということが先決問題であって、本願の要旨は全く其処にあるということを明らかに致しましたのが、『大無量寿経』の本願成就の経文である。この往生浄土の道を明らかにいたしまするところの経典というものは、『大無量寿経』と『観無量寿経』と『阿弥陀経』の三部経というものがありますが、しかしながら大体におきましては、『大無量寿経』と『観無量寿経』と二つの経典の伝統があるのでありまするが、インドにおきましてはその経典の中のどの経典が重きを置かれておったたか。『大無量寿経』は前後十二回翻訳されている。その中で五存七欠と申しまして、十二訳中五通りの翻訳は現在大蔵経の中に伝わって残っていますが、後の七通りの翻訳は全く既に欠本になって現在伝わっていないのであります。とにかく一つの御経が前後十二回も翻訳されたというような御経は外にないのであって、恐らくは一代仏教の経典の中におきまして、『大無量寿経』だけであると言っても差支えなかろうと思うのであります。これは何を示すのであるかというと、『大無量寿経』がインドにおいて如何に盛んに弘まっておったかということを物語るのでないかと思うのであります。それに対して『観無量寿経』はただ一回翻訳されただけである。それを以てみれば『観無量寿経』というものは余りインドにおいて盛んに行われていなかったということは、『大無量寿経』に対してこれを推察することが出来るのであります。それにもかかわらず一度『観無量寿経』が中国に翻訳されるや、それが正しく中国の国民性に適合しておりましたために、『大無量寿経』宗の浄土教は何時の間にやら無くなりまして、そうして天下滔々として『観無量寿経』宗となってしまったのであります。私はこの『大無量寿経』宗が中国に繁栄せずして、専ら『観無量寿経』宗が中国に繁栄していったということにより、中国の国民性のある一面を見ることが出来るのではないかと思うのであります。『観無量寿経』は正しく未来往生、この世のことに全く絶望しているものが、せめて未来彼世において救いを求める、こういう教であります。この世は仕方がない、ただせめて未来に助かりたい、こういうのが『観無量寿経』のおみのりであります。いろいろ申すべきことはありましょうけれども、大体それ位にして置きまして、だからして念仏を勧めるけれども、その念仏はただ未来往生の手段である。念仏そのものが目的ではないのである。だからして『観無量寿経』の一番要点であるところの、即ち『大無量寿経』の第十八願の終局するところを現わしたものであると考えられているところの『観無量寿経』の下々品は正しく臨終の機について、念仏往生の本願の利益を表わしたものである。一生涯の間、悪という悪を造り、仏とも法とも夢にも知らなかったところの人間が愈々重い病に罹り、とても病気平癒の見込みがなく、命旦夕に迫るその時に初めて、今更に経来たったところの自分の過去を省みて、死の恐れというものに襲われる。その時に不思議にも宿善開発といいますか、善知識が現われて、いろいろ仏の本願のことなどをお話するけれども耳へはいらない。平生何も聴いておらんのである。だからして平生に何等の準備がない。病気に責められてそれを理解することが出来ない。そこで善知識は転教口称、本願憶念の方法を転じて口に称名念仏するという法を教えたのであります。「令声不絶具足十念称南無阿弥陀仏」と書いてありますから、これは一息に連続して十遍のお念仏を称えるのである。これは吾々は静かに息をしますというと、ゆっくりとお念仏を十遍称えることが出来る。恐らくはその時の病人は、もう病苦に責められて喘ぎ喘ぎ苦しい息をしていたに違いないのであります。それに対して善知識は、一緒にお念仏を称えましょう、こう言って十念の念仏を授けた。この時に病人は死を忘れ病を忘れ、感応道交して、善知識と共に十遍の念仏を一息に称えた。私はそこに非常に何か知らんけれども、それが自然に静かに息の出来る法であると思う。病人が今切迫した短い息をして呼吸が出来ない程苦しんでいる。それに対して令声不絶と声が絶えないようにして連続して一息に十遍のお念仏を完全具足して称えたというのでありまます。そうして具足十念のお念仏を称え終るとともにそこに静かに息を引取って目出度く往生を遂げた。こういうのが『観経』の下品下生の経文の大意でございます。

それで中国におきましては、結局この下々品の経文こそ第十八願の終極の意味である、こういうふうに伝えられて来たのであります。なるほど十八願の文を拝読しましても別に平生とも臨終とも書いてない。それをば下々品には本願の十方衆生という機をば臨終の機にまで追いつめて説いてある。また本願には詳細に至心・信楽・欲生我国と、三心の信相を説いてありますけれども、下々品にはただ「心を至す」と書いてありまして、三心の中に総体なる至心の一つがあるだけでありまして、特に重要なる信楽と欲生が略されてある。また本願には乃至十念と、十念の上に乃至とあるのであります。乃至は上は一生を尽し下は一称一念に至るを意味する。然るに下々品にはただ具足十念とある。令声不絶具足十念というのは、一息に自然に連続して十遍の念仏を具足して称えるということであります。こういう工合にしてこの第十八願というものが、『観経』下々品のところへ来たって本当にただ人間の一息のところに、一呼吸のところに持ち来たった。これはつまり人間の命は、畢竟するにただ一呼吸の間である。一息の間である。これは我々は何か俺が俺がと、理論や理想の主体として、自我という実体を予想独断し、この常一の主我を以て同時客観的人生の原理であると、漠然ながら執念深く考えているのである。けれども今『観経』のこの下々品の経文によって見ると、人間の命というものは要するにただ一息にある、一呼吸にある。吾々は本当に自分を知ろうというならば呼吸をしてみる。我々人間の一番中心は何処にあるか、喉首にある。「一息継がざれば千載永く逝く」ということがある。人間の生命はただ一息である。或は「出づる息は入るを待たず」という、この呼吸、そこに人間が眼を開かぬものであるからして、人間は頭脳にいろいろさまざまの妄念妄想を浮べ、それを根拠として口には嘘八百を竝べる。口は重宝なもので、何でも言うことが出来る。頭は一層重宝なもので幾らでも妄念妄想を自由に浮べることが出来る。しかしながら欺くことの出来ないのは呼吸である。この呼吸、ここに本当の真実のものがある。真実の人間の命というものはただ呼吸のところにある。そこに真実がある。そこに眼を開いて初めて吾々は本当の自分というものはどんなものであるかということを知らして頂くことが出来るのであります。

とにかく『観経』下々品は、最後の一息というところに具足十念の念仏を称えしめて、そうして人間の命の中心点というものを、そこに眼を開かして貰うのであろうと思われます。そこに目出度く往生を遂げたというのがその真の意義であるように思います。洵に『観経』下々品はその点から見れば非常に有難く、また本願の要点というものをそこに現わしているものに違いないと思われます。しかしながら、それにも拘らずこの下々品の経文を静かに拝読するに、下々品のようなそういう実例というものも全く無い訳ではない。全く無いことを説いてあるということはないと私は思います。しかしながらそういう場合というものは稀なものでないか。そういう滅多に無い事柄、容易に有りそうもない特例を如何にもそういうものが何時でも有るように思わせて説いているのが、それが『観経』下々品である。滅多に無いような特別の例を挙げて仏のご利益というものを現わすというところに『観経』下々品の技巧も方便もある、また有難い感銘もそこにあるのでありましょう。しかしながら、これは一般の人の皆歩いて行くことの出来ない特別の例であります。そこに吾々は眼を開くべきものではないかと思われるのであります。

一生涯の間、仏とも法とも知らぬ者の前に、臨終になって忽然として善知識が現われるというふうなことは、容易にありそうもないことでありましょう。それは全く偶然の例を挙げて甚だ巧みに本願のご利益を表わしたものであります。ただそこに表わしているものは何であるかといえば、先程申しましたように、人間の生命というものは一呼吸の中にあるということを具足十念の念仏の一息ということにおいて表わされたというところに、深い意味があると私は思うのでございます。

『大無量寿経』には詳しく仏願の生起本末を説いたのであります。これは本願成就の文によれば、即ち南無阿弥陀仏の六字名号を総体とし、それの別義なる謂れとして、仏願の生起の本末、則ち如来浄土の因果を本とし、衆生往生の因果を末とする事柄を詳細に表わしてあるのでありまして、これこそは仏道の浄土の本流である。その根本の流に対して『観無量寿経』は一箇の支流に過ぎないのである。本願一実の大道から見れば偶然なる臨終現前の僥倖を要期するところの唯一つの権方便的支流に過ぎぬのであります。その支流が繁栄を極めてそうして本流が枯れてしまった。それが中国浄土教の一面であります。それがそのまま日本へ流れて来まして源信和尚の『往生要集』となり、そうして法然上人の『選択集』が出来上りました時に、そこに一大転機というものを促したのであります。つまり法然上人は外より促し、我が開山聖人は内より応えて、ここに『観経』宗が終りを告げて、本来の『大無量寿経』宗というものに立ち帰って来ました。それが即ち浄土真宗というものであります。

で、浄土真宗は先程から申しますように、「本願成就の文の聞其名号信心歓喜乃至一念」こうお示しになりまして、南無阿弥陀仏の名号を所行の体として、その廻向により、一念帰命の信心というものを成就開発せしめて戴くことが願成就の文のおみのりであります。その一念帰命というところには、その上に偉大なる一つの心の方向転換の機というものが動いている。そういうことを我が開山聖人は願成就の文によって眼を開かれたのであります。他力の信心ということは、我が開山聖人までは単に他力の本願なる念仏往生という道理を信ずるところの信心という意味に外ならなかったのであります。他力本願の念仏の法の力を単に所信の法とし、これに対して行者が発願廻向するところの信心、それだけの意味しか有っておらなかったのであります。それが我が開山聖人に至りまして、真実に他力を信ずるところの他力の信心といわるべきものは、それは他力廻向の信心である。それは単に他力を信ずるだけの信心ということではなくて、他力より御廻向下さる信心である。この本願力廻向の信心、如来廻向の信心ということは、祖聖が本願成就の文において、初めて見出されたのであります。これは願成就の文の「至心廻向」即ち南無阿弥陀仏の南無の二字において、如来の廻向というものを感得せられたのであります。如来の御廻向ということはただ如来からして与えて下さる。我等衆生はただそれを戴くことになる。しかしながら我々は戴くということは我々の方にそういう権利も能力もあるのでない。だからして偏に如来の至心の本願力廻向ということについて、自己の能力の無効ということをはっきりと教えて下された。そこに初めて如来から戴くということがある。つまり自力廻向を捨てて初めて他力の廻向ということに帰入することができる。仏さまから戴くのだ。私共から言えば如何にも仏さまの御慈悲によって戴くのだ。こういう工合にいうのでありますが、更に別して申す時におきましては、他力を戴くということについては、自力無効ということを知らして貰う。自分はそれを戴くに価いしない者であるにも拘らず、価いすると長い間思うていたということを、初めて知らして貰う。これがつまり徹底的の廻心であり、転入ということであります。詳しくいえば三願転入というのであります。この願成就の文の、転入というところに現生不退という一大事実が成就されるのである。転入のないところには現生不退はない。善導大師の『観経』の廻向発願心を解釈なさるについての第一の釈は自力の廻向である。廻因向果と申しまして、世間・出世間の因行の雑多なるものを廻して浄土往生の果に向わしめるというのであります。それは自分の修したところの善根のみならず、他の一切の衆生の修したところの善根を総括して浄土の果に廻向するのでありますが、それから又現在世においてのみならず過去世において、また未来世において修すべき善根までも、善と名の附くもの一切を随喜して、それを悉く自分の菩提の為に、往生成仏の為に廻向する。こういうのが廻向発願心の第一の解釈でありまして、これは普通一般の自力廻向であります。第二の解釈は廻思向道、人間の自力の思慮分別、前に述べた廻因向果の計いを廻転転捨して、そうして如来の本願の大道に趣向せしめる、それを廻思向道という。これは他力の廻向である。それで開山聖人は願成就の文の至心廻向の四字を「至心に廻向し給えり」と読まれた。如来の真実の願心よりして、真実なる名号を以て吾等に廻向し給うのである。「彼の国に生れんと願ずれば即ち往生することを得て、不退転に住する」即得往生住不退転、如来の不可思議の廻向心という大きな、内なる心の転回というものを開山聖人は考えられたのであります。聞其名号信心歓喜のそこに至心廻向という不可思議の事実を内観せられたのであります。そこに他力廻向の信心ということが初めて成立した。開山聖人以前はただ他力を信ずる信心、法然上人も他力を信ずる信心に外ならなかった。開山聖人に至って他力廻向の信心ということが明らかになった。これは本願成就の文によってそのことが初めて明らかになってきた。そこに平生業成現生不退ということが初めて成立することが出来るようになったのであります。ただ他力を信ずる信心では、終に臨終現前というところへ堕ちて行かねばならぬのであります。他力廻向の信心というその大きな大自覚の体験に由って初めて一念帰命の真実信心を獲て、無上涅槃において現生不退の益を得る。それによって本願成就ということが証明されることとなったのであります。

翻って本願の上にこれを求めてみるというと、至心信楽欲生我国とある。あの欲生我国というところにそこに如来の廻向心がある。自分を捨てて三願転入する。即ち三願転入の枢機というものはここにあるということを、我が祖師聖人は感得せられたのであります。ここに初めて平生業成ということが明らかになってきた。昔より浄土真宗の上において、三願転入ということをいうけれども、第十八願・第十九願・第二十願というものが、皆別のものだと考えられて居る。十八・十九・二十の三願が初から別のものだと考えられているならば、それでは本当の三願転入ということは成立たぬのである。本願が本願自らを証明するところのその原理は何処にあるかといえば、即ちこの欲生我国というところにある。だからして本願の欲生我国を開山聖人は『教行信証』に解釈せられまして、欲生我国は如来が諸有の衆生を招喚したまう勅命であるとするのである。如来の招喚の勅命というのは法だと多くの人は言う。けれども如来招喚の勅命こそは真実なる機の自覚である。それが真実信楽の自証の原理である。その欲生我国の自証から十九・二十の方便の願が開けてきた。第十八願のただ一箇の欲生我国から十九願・二十願が開けてきた。十九の願・二十の願は何処から開けたか、十八願の欲生我国から出てきた。然らばその第十八願は何処から出た、第十八願も亦自分の欲生我国から出てきたのである。第十八願の眼目は何処にあるかと言うと欲生我国から出てきたのである。第十八願の眼目は何処にあるかと言うと欲生我国にある。第十八願の至心が如来廻向の至心信楽が真実清浄の信楽であるということは、欲生我国が自証するからである。ただ至心信楽というだけでは本当の至心信楽でない。信楽を更に内面化して欲生我国というものを見出した。つまり南無阿弥陀仏の中に如来の至心を見出し、その至心の中に信楽を見出し、信楽の中に欲生を見出す。欲生ということは信楽の眼目である。我等の祖先は第十八願の欲生というものを持て余していた。欲生とさえ言えば自力だと考えられた。十八願の欲生を他力の欲生だ、強いてこういうけれども心の中では自力だ、だから欲生を苦心惨憺して、いろいろさまざまに言葉をあっちへ廻しこっちへ廻して、なければよいのだけれどもあるものだから、あるものを消す訳にいかないものだからして、それを何とかして、痛いところへ触れぬようにしていた。欲生我国がないものならばよいけれども、願文にあるものだから仕方がない。それは何か自力臭い自力臭いと考えられて欲生我国というのは十九の願や二十の願の持ち前だというようにどうしても思っている。それが十八願の中心にあるものだからして十八願の欲生というものは、これは普通の欲生と違うものだ、こういうように何か特別の意味を見出そうとしてきていたようでありますが、それは根本的な間違いでないかと思います。欲生我国は至心信楽の眼目である、本当の信楽の中心が欲生我国である。されば我が祖聖人は、如来が諸有の衆生を招喚したまう勅命であり、それから信楽が如来廻向の信楽であるということは、信が内に欲生を開顕することによってこれを証明しなければならぬ。言い換えれば他力を信ずるといわれるけれども欲生がなければ他力を信ずるという信心というも心にただ他力だと信ずるということであって、その信ずるということは単なる主観的な意義しかないのでありまして、それの客観的事実であることは欲生心によって初めて証明しなければならぬ。だからして第十八願の欲生我国は、内には他力を信ずる信心が他力廻向の信心であるということ、則ち能信の信楽が他力廻向であるということを証明し、外には十九・二十の願というものをそれから開顕しまして、そうして十九・二十の願の自力廻向の行動を否定するものである。つまり自力廻向を捨てて他力の信楽を開顕するところのその契機たるものが欲生我国である。そのように第十八願の欲生我国というものは重大にして、また深甚の意義を有っているものである。それ程重大なものであるからまた恐しいものかも知れない。だからしてただそういうものに触れないようにしている。本当の真宗のおみのりというものが明らかになることが出来ないのは、そこに病の根源があるのでないかと思います。

欲生と言えば何かお浄土を待受けるというようなことである。欲生というものは後念にも通ずるものである。こんなことを言う人があるけれども、欲生の欲の字はおもいたつということ、我が国に生れんと思い立つということである。欲という字は何時でも何時でも浄土を思い出して、そうして近づく浄土を待受ける。そんなようなことを言うのではないのでありまして、本当に我を目覚まして自力妄執に括られているところの我を目覚ましめる。それを招喚する、招喚するということは目覚ましめるということ。自力妄想に迷い彷徨うているところの、無能であり無力である我を本当に目覚ましめる、それを諸有の衆生を招喚すると言うのであります。招喚するということは、我々の無知なるが故に無知を知らざる罪を自覚せしめる。欲生我国は諸有の衆生を招喚し、本当に我々を長い間の妄念妄想から目覚ましめるところの如来の喚び声である。如来の喚び声というのは法ではない。欲生我国は如来の喚び声であるということはつまり自己が本当の正機であるということ。機の中の機である。至心は法である。信楽は法の中の機である。欲生は機の中の更に機である。こういうようにその意義を象徴的の言葉で以て、諸有の衆生を招喚したまうところの如来の勅命である。こういう言葉で表わす。だからしてこれが他力廻向の信心に間違いないことを自覚自証し、そうして他力信心ということは本当に自力妄想を捨てる廻心懺悔の自覚である。自力を捨てるところに他力信心があるということを示し、正しく一念帰命というものを示すところの自覚原理が即ち欲生我国である。それ程に欲生我国ということは信楽の中心、心臓にも当るが如き重大なものである。あの欲生我国を原理としてそこに第十八願が成立し、そこに南無阿弥陀仏が具体化し、つまり欲生我国を具体化したものが南無阿弥陀仏であり、それが第十八願である。

欲生我国からして更に十九・二十の方便の願というものが開顕されたのである。そこに三願転入がある、そこに他力廻向の信心がある、そこに信の一念開顕がある。その信の一念を開顕するところの自覚原理が欲生我国である。こういうのが開山聖人の『教行信証』の「信巻」の釈の意でないかと、私は思うのであります。

随分重大な深い意義をもつ信心が、ただ教を信ずるというようなものでなくて、本当に機法一体というようなことは何処にあるかといってみると、欲生我国というところにある。本当の機の中の機である。信楽は法の中の機である。欲生は機の中の機である。それがなければ第十八願はないものである。それがなければ十九・二十の願もないものである。こういう重大な意義を「至心に信楽して我が国に生れんと欲へ」。こういうことを開山聖人は願成就の文によって見出された。

翻って善導大師の「二河譬」というものがありますが、水火二河、貪瞋二河の譬、その二河譬喩というものは『観経』の廻向発願心の釈の中にある。廻向発願心というものは、これを本願に求めてみれば欲生我国である。欲生我国は如来の廻向心である。如来の御心である。こういう意義であります。そこにその欲生心というものが大切であって、自力を自力と知るのも欲生心である。自力を自力としてそれが無効であると知るのも欲生心である。欲生心に本当に目覚めないから自力に執著しているのである。本当に如来の欲生心に目覚めることによって、我々は自力の廻向を懺悔するのである。その欲生心というものによって、我々は金剛の信心を成就して、断乎として異学・異見、別解・別行の誘惑を受けない、内外一切の誘惑を受けない、つまり迷信・邪教の迷わしを受けないということがその欲生心である。それによって平生業成も成立ち、それによって他力信心が成立つ。それによって南無阿弥陀仏の御謂れを知り、そこに如来の御心に触れ、生きた自己に触れる、この欲生心は廻向心という。そこに念仏本願の意義が初めて明らかになる。その欲生心によって往相廻向・還相廻向ということが成立つ、それによって我が往生成仏ということが成立つ。それによって我が本当に救われる欲生心のところに、我々の現生の救いが自覚せられ、未来成仏の自証がある。それは欲生心は本当に如来の救いの原理であるとともに、また救いを自証するところの原理である。そうしてそこに如来の真実を証明する。欲生心が如来の真実を証明する。否、あらゆる真実と方便と、正しきこと邪まなること、総べての正邪・真偽の判別をするところのその根本の原理は欲生我国というところにある。それが外道であるか本当の仏道を修しているかということは、欲生我国がこれを示す。邪道であるか正道であるかということを示すのは欲生我国である。それほど至心・信楽・欲生我国ということは、如来の御慈悲の極まる所であり、またそこに我等の正しい仏の智慧を戴く。仏の智慧というものは、欲生我国というところに戴くのである。そこに我々は自分の行くべき道について一片の惑いがない。だからしてまた他人に対してそれを指導することができる、この指導というものは、欲生我国によって初めてできる。国家の歩むところの方向も世界の歩むところの方向も、総べて欲生我国というものがそれを指示するものである。それがなければ自分が一体何処へ向って歩いているかということが分らぬ。欲生我国というものが我々の前途を照らし我々の足下を照らすものであります。そういう大切な原理であるところの欲生というものは何か。信楽といえば如何にも純粋であるが、欲生というと何か自力臭いものがでてくる。こんなふうに昔から考えられていたに違いがない。だからして大概異義というものは、欲生我国というところからでてくる。欲生我国が分らぬから異義がでてくる。だからして古来欲生我国というものを恐れる。また欲生我国を嫌うて、何でも浄土真宗は信楽が大切であって欲生というものはそれは有っても無くてもよいものだ。無ければ一番よいのだけれども有るものだから仕方がない。仕方がないから何とか上手に扱うだけのこと、だから余り暴れさせないように上手に、馬でも乗り馴らして使う。こういうのが昔からの行き方じゃないかと私は思うのであります。

で、私は念仏についても、本願についても、信心についても、また大行についても、往生についても、総べて皆欲生がこれを示すのである。欲生が我々の進むべき方向を示し、また欲生が今我々のいるところの現在を示しているものである。また『大無量寿経』一部というものは、総べて欲生我国の内面を開顕したものである。欲生我国の純粋なる内面を開顕したものがそれが南無阿弥陀仏であり、それが『大無量寿経』である。その欲生我国の現われた外側を描きだしたのが『観無量寿経』であり『阿弥陀経』である。だからして総べて仏教と外道とを区別するものが欲生我国である。自力と他力とを区別するものが欲生我国である。真実と方便とを区別するものも欲生我国である。我等に往生を指示するものも欲生我国である。往生を決定するものも欲生我国である。欲生我国がないならば何も分らぬ。右も分らぬ左も分らぬものである。浄土真宗の根本は欲生我国にある。こういうように私はいうべきものでないかと考えるのであります。

で、今度の三日間におきまして、大体そこに根拠をおきまして浄土真宗の精神というものも、仏が至心・信楽の中から更に欲生我国というものを開いて、そうしてそこに信楽の自覚、信楽が信楽自らを自覚するという、信楽を内より照らしだすところの、その原理が欲生我国である。開山の浄土真宗の立場というものは、大体そういうところにある。言葉は明徹を欠くようでありますけれども、従来はただ信楽だけで宗学を立てようとした。従来の宗学は欲生を伴食として信楽だけで真宗学を立てようとしたのでありますが、私はそうでない。真宗学というものは信楽と対立して欲生があるのでない。信楽の中から欲生を開顕したのである。こういう工合にみて、そうして信楽が欲生を開顕してきたところに、初めて浄土真宗というものが成立するものだ。こういうように私は見極めを附けて行きたい。大体このような方針で、「真宗の眼目」という題目を明らかにして行きたい。こう念願しているのであります。何分力が足りないものでありますからして、無論そういう企てというものが、結局自分の一つの妄想に過ぎないのでありますけれども、お話をしている間にそこに何か力に接することができるのでないかというように、私は朧気ながらも一つの期待を有って、この壇に立たして貰っているのであります。

第二講　如来は衆生の救わるべき法を成就し給う、如来は直接の救済主に非ず

「真宗一流の安心の体は、南無阿弥陀仏の六字のすがたなりと知るべし」。六字の名号を体としてそこに一念帰命の信心を見出す。その一念帰命を見出すことによって、同時に立ち所に現生正定聚に至る、だから六字の名号は一念発起平生業成の道理で、南無阿弥陀仏の行体の上に、一念帰命、平生業成、現生不退の位に至らしむる。そして満足して、これだけでもう何の不足もない。一念帰命のところに現生不退に住する。現生不退は本願の利益の只半分のものだ、もう半分はお預りだ、こんなふうに考えたら大きな間違いである。今有っている方は半分だ、けれどもそれは値打ちのない小さな半分である、後の半分があるからしてそれが尊いのである、後の半分は未来の無上涅槃。現生正定聚

の今の半分は位が卑しい、後の半分の無上涅槃は尊いもの、それはお預り、こんなふうに思ったら間違いである。なるほど現生不退というものはまだ仏より下の位である。まあ現生不退といえば、言ってみれば或はそれは等覚の弥勒菩薩と同じく仏より一段低い位だ、それだからして未来浄土へ往生するとき初めて阿弥陀如来と同一の位になり同体のお悟りになる。これはこの世の半分、これは未来の半分、半分と半分と二つ寄せて全体、そんなふうに考えると大きな間違いを起こさせる。聖道門の自力の方でいえばそれでもよいのです。聖道門の方でいえば梯子段を上るように五十二段の階段を一段一段上って行くのだから、それは等正覚は等正覚、仏は仏、別のものだと一応そう考えられる。体は一つのものであろうけれどもしかしまあ暫く聖道門では正定聚、滅度は滅度、こういう工合に聖道門流の考えは自力で以て進むもの、だからして、一関又一関というように、一つずつ関所を越えて行かねばならぬ。そうすれば半分ずつ二つ合せて初めて全体、こう考えるのも一応は正しい考えである。けれども、今我々は南無阿弥陀仏を体として、如来より与えて戴くところの本願力廻向の正定聚であり、また滅度であるならば全く一つである、正定聚と滅度と同一体である、こういうのが浄土真宗の正意である、だからしてもう我々は未来の滅度なんかどうでもよい。なるほど本来は滅度が終局の目的であるけれども、しかしながら当面の問題としてはただ正定聚に至ればそれでよい。正定聚に至れば滅度目前にあり、正定聚の体勢の中に必至滅度がある。正定聚の外にもう一つ滅度があるのでなく正定聚に滅度がある。そうすると『御文』と違うのじゃないかと。『御文』一帖目第四通を拝読すると、「問ていはく、正定と滅度とは一益とこゝろうべきか、また二益とこゝろうべきや。答ていはく、一念発起のかたは正定聚なり。これは穢土の益なり。つぎに滅土は浄土にてうべき益にてあるなりとこゝろうべきなり。されば二益なりとおもふべきものなり。」正定聚と滅度の益は二つ別なものである、正定聚は穢土の益、滅度は浄土の益、だからして二益である、こう書いてある。ちょっとみると私のいう正定聚と滅度は一体である、正定聚即ち必至滅度の体勢である。こういうのと『御文』の御化導と違うようである。こういう疑いを有つ人があるかも知れない。けれども私はもう一度『御文』をよく拝読する必要があると思う。全体あの『御文』は

「親鸞聖人の一流にをひては、平生業成の儀にして、来迎をも執せられさふらはぬよし、うけたまはりをよびさふらふは、いかゞはんべるべきや」。親鸞聖人の教えられる浄土真宗は、平生業成であって臨終来迎を待たぬ、一念発起平生業成という道理を明らかになさる為の『御文』である。だからして正定聚は穢土の益であり滅度は浄土にて得べき益であると、こういうふうに書いてあるのは、二つの益のどちらの方が主要なものか、実際どちらが今入り用なものか、こういえば今は穢土にいるのだから正定聚だけ入り用、滅度は今要らぬもの。滅度は浄土にて得べき益であるから当面の問題でない。今の問題は正定聚に住するか住しないかということである。今滅度に至るか至らないかは問題でない、正定聚に住しておるか正定聚に住しておらぬか、それが浄土真宗の今の問題である。今の問題はそれだけしかない。滅度なんどいうものは正定聚さえ得ればおのずから至れるものである。「正定聚に住するが故に必ず滅度に至る」、曇鸞大師は「故に」という一字で四十八願中の第十一願、必至滅度の願というものの正定聚と滅度との関係を明らかになされて、曇鸞大師が三願的証の釈文のところに「正定聚に住するが故に」と仰せられた。この「故に」という字は経文にない。「定聚に住して必ず滅度に至る」、こうである。それで正定聚と滅度との二つの関係を明らかにせられた曇鸞大師のお手柄というものは、「故に」という一字を中間に置いて、正定聚に住するから必ず滅度に至ると仰せられたことにある。だからして滅度というのは当面の問題でない。正定聚に住するということが大切である。正定聚に住するということさえあれば滅度はおのずから得られる。滅度はもはやどうでもよいこと。どうでもよいというと少し言い過ぎかも知れぬ。しかし言い過ぎでもしておかぬとはっきりせぬから、正定聚を得れば滅度なんどいうものは要らぬものである、滅度なんどいうものは我々が求めなくても得られるものである。滅度というものを得るところの重要な一つの枢機は正定聚である。正定聚というものにさえして貰えばそれでよい。だから『御文』は、滅度は浄土にて得べき益だからこれはどうでもよいこと、これは今要らぬことだとは書いてないけれども、言わんでも分っている。正定聚といえば穢土の益であり、この穢土の益が今入り用である。これがないと信心が成立たぬ。正定聚に住するか住しないかというところに信心が成立つか、成立たぬかということがある。他力を信ずる信心に止まらずして、その信心そのものも他力廻向であるかないかということは、正定聚に住するか住しないかという其処に決定する。だから正定聚に住することが、これが非常に大切なことである。正定聚に住するということが、先程も申しました欲生我国というところの一面には、正定聚に住するということが成立する。その信の一念は正定聚の位に至るというその二つを綜合するものが欲生我国というものである。だからしてしばらく因と果とを別けて、前念命終・後念即生。他力信心は前念命終の因であります。それからして正定聚に住するということは、これは後念即生の結果である。因果一体である。因果一体なるところの自覚原理がそれが欲生我国である。その道理を明らかにするのが「正定聚に住するが故に必ず滅度に至る」という「故に」である。だからして正定聚も入り用だし滅度も入り用、二つ別なものでもよいが二つどちらも同格に入り用、こんなふうに『御文』を読んでいるならば間違である。あの『御文』は全体そんな『御文』でない。あれは現生正定聚ということが浄土真宗だぞということを明らかにする為に、あの二益一益の問答が起ってくるのであって、その問答の根本は何処にあるかということをはっきりして置かなければならぬ。それをはっきりしないと益が二つある。益が二つあるということは体が二つあるということではないのであります。位が二つあるということ、正定聚は因の位、滅度は果の位。他力の二益は位の上についていえば正定聚と滅度とは位を異にする。けれどもその体も二つあるのでない。体は一つである。だから「正定聚に住するが故に必ず滅度に至る」こう仰せられる。だから正定聚に住するというそれだけで満足して、もはや何も要らぬ。それでもう我々のおたすけが成就した。本願のおたすけは正定聚に住するというところに成就した。本願成就の経文には滅度ということが書いてない。第十八願を見れば、若不生者不取正覚というのだからして、何か滅度があるようである、滅度のことを中心にしているように見える。第十八願には現生正定聚ということがはっきりしない。現生正定聚がはっきりしないで必至滅度ということ、未来の往生成仏ということが表になっているようである。これは因位の本願ということからはそうあるべきこと、本願は仏が因位の位において本願を起すのであるからして、本願の位からいうとどうしても設我得仏、だからどうしても現在のことをいう訳に行かぬ、本願とか誓願とかいうものは未来を約束するもの、現在のことは約束する必要はないのである。だからして本願は未来往生を以て表面に立てて、それが所謂成就になると、これは正しく現在正覚の阿弥陀如来の位のところに本願成就がある。本願成就へくるというと、未来のことは全く除いてしまってただ現生不退一点張り、現生正定聚一点張り。これがつまり聞其名号信心歓喜。南無阿弥陀仏は未来往生を主にしているのでない。南無阿弥陀仏は現生不退のおたすけ。だからして南無阿弥陀仏というところに現生不退がある。阿弥陀仏即是其行というのは現生不退である。だから未来を待たずしてこの世において正定聚に至る。この世の正定聚でもって現在の救いを証明する。現在の救いというものは前に申しますように欲生我国である。その欲生我国を具体化したものがそれが南無阿弥陀仏である。欲生我国は南無阿弥陀仏の中にあって、而も南無阿弥陀仏を成就するところの原理が欲生我国である。南無阿弥陀仏の本質は欲生我国にある。だからしてそのところはなおまた明日なり明後日なりだんだんお話をして行く間に、その意義が少しずつでも明らかになってくるだろと思いますが、今回連続講話の間に何とか一通りだけでも明らかにして行きたい、こういうのが私の念願であります。

とにかく一念帰命のところに現生不退に至るという。その事実を南無阿弥陀仏を以て現わす。だから別に南無阿弥陀仏ということは、未来往生というようなことを表に立てているのでないのでありまして、これは正しく現生不退ということを示している。決して未来往生というものを語っているのでない。それは称える念仏行の事実の上に、一念帰命現生不退ということを語っている、こういうのであります。これはつまり開山聖人の『教行信証』の教であり、また蓮如上人の『御文』の教である。またそして憶念の信がある。憶念の信というのは何を憶念するのであるかというと、欲生我国、そこに憶念の信があり自覚の原理があります。そこに憶念の信つねにして、ますます内より内に無限に進む、無限に自分を掘り下げて行く、それが欲生我国である。

今日だんだんお話して行くのですけれども、大体十万億土の西に浄土がある、そこへ我々が往生する往生しなければ救われない、そういうことが浄土教一般の伝統であります。そういうことは理窟でもない、理論でもない、それは一つの純粋感情というものであります。なぜ西方に浄土を建立されたのであろうか、なぜ十万億土の西に本当の浄土があるか、そういうことは別に何も理論とか論理とかいうものはないのでありまして、ただ何か知らんけれどもそういう理論とか論理を超えたところの純粋感情といいますか、それを無生の生と言う。阿弥陀如来の御本願の事柄はみな純粋感情の世界。それを信ずるところの他力廻向の信心というもの、また純粋感情である。純粋感情の道理を純粋感情で以て受取る、それがつまり至心信楽の他力の信心というものでありましょう。その純粋感情の中にその感情をして純粋ならしめる、その自覚原理が欲生我国である。つまり永遠の自力、我情の濁りを去ってそうして純情ならしめるところの実際の力、実際の実行原理というものが欲生我国であります。信が純粋であるということのためには、その信楽の上に自分自ら現在の自分が不純粋なることを自覚し、痛み悲しんで、懺悔廻心して、そうして自分自身無効ということを本当に自覚せしめるところのその原理といいますか、感情といいますか、智慧というものが欲生というものであります。だからして信楽の中に欲生の燈火を点す。この信楽が純粋である為には信楽が自ら欲生という燈火を点して、或は欲生というところの一つの鏡を前に置いて、そうして信楽が自分自身の汚れを照らす。自分自身の穢れを示してくれるから、ちょうど女の人が鏡を見て自分の顔が汚れていることが分って、自分の顔を洗うと同じように、信楽が自らの純粋を証明する為に欲生の鏡をそこに開いて、そうして信楽を照らす。信楽を照らすとともにまた信楽と欲生というものは要するに合せ鏡のような関係を持っているだろうと思われるのであります。信楽は欲生を以て信楽を照らす、同時にまた信楽が欲生を照らすというようにして行っておろうと思われます。で、私共は仏さまというと何か神秘的、仏さまが我々をたすけて下さるということは何か神秘的な働きである、こんなふうに思う。一体浄土真宗では阿弥陀さまにたすけられる。阿弥陀さまが我々をたすけて下さる。たすける仏さまとたすけられる我々とは別々にある。こういうように聖教に書いてある。そうすると仏さまと我々とが全く別のものか。我々と全く別のものである、また全く関係のない仏さまという方がおいでになる、その方の神秘的な力で我々はたすかるものだ、そういうのでありましょうか。いろいろな宗教があって、神さまにたすけられるとか仏さまにたすけられるとかいうようなことをいうのでありますが、仏さまを頼みまた仏さまに祈って、神仏に祈りをかけてそうして神・仏にたすけて戴く、一体そういうことはどういう意味であるか。その道理がはっきりしないというと、そこに何かもう神秘主義といいますかそういうものを描きます。何か神さまとか仏さまというものを頼む。そうすると何かそれを当てにする。まあいいようにして下さるだろう、そんなことをしていい加減に寄り掛って行く。そういうようなことがおたすけに預ったことであろうか。そういうおたすけというものは一種の神秘主義であります。しからば仏法というものはそういうものであろうか。そういうことをもう一つ考えてみる必要があると思うのであります。仏さまが何か不思議な力を以て一人一人たすけて下さる。あれをたすけてやろうかこれをたすけてやろうか、そんなふうに無量無数の衆生があるのに、あれをたすけねばならんこれをたすけんならんといっては忙しうて大変なものであろう。仏さまというものは、まあ偉い御方だからして同時に千人でも万人でも幾らでもたすけて下さることができるものだ、人間のようなものでない。人間なら二人や三人はたすけられる。けれども千人万人の人間を一緒にたすけてやるという訳にはいかぬ。けれども仏さまというものは不思議に神秘的な力を有っておいでになるから、たすけて下さるものである。こんなふうに解釈すれば一応解釈ができるようであるけれども、果してそれが浄土真宗の教であろうか。浄土真宗では、仏さまは如来の本願力によってたすけたまう。だからして仏さまは別に何もなさらん。本願力というものを成就しておいでになる。本願力を成就して下されてあるからひとりにたすけられる。本願力南無阿弥陀仏を成就してあるからして、もうただ法爾自然にたすかる。自然法爾にたすかるべきところの法を成就して、そうしてたすけて下さる。ところが外の教はそうではなく、神さまが何か不思議の力を以てたすけて下さるのである、こういうふうに教えている。ところが仏教だけはそうでなくて本願というものがあって、本願というのは別に仏さまが一人一人をたすけてやるというのではないのでありまして、諸有るもののたすかるべきところの法を成就して、あらゆるものを平等にたすける。そうして仏はもう何もしないでよい、まあ寝ていなさい。そこでもう一ついえば、法さえ成就すれば仏さまは何も用はない。仏さまは何もしないで、法さえ成就すれば、法で衆生はひとりたすかって行く。それが仏法であります。仏法のおたすけということは、たすけるところの法を成就されるのが、それが本願、その南無阿弥陀仏の法の力でたすかって行く。衆生は決して直接に仏さまがたすけるのでない。仏さまが一人一人をたすけなさるのでなくて、一切の者の進むべきところの法を成就して、そうしてあとはもうお前達がたすかろうとたすかるまいと、お前達の責任だ。たすかりたければこの法に頼れ、仏はただ見ていなさる。見ていなさるかいなさらんかそれは分らぬけれどもとにかく仮にいえば法を成就して、さあ皆さんたすかりたければこの法に頼りなさい。私はもはや用事はない。この法門を残しておくからして、たすかりたければこの法に頼れ。これが仏法であります。外の教はそうでなくて、神さまが一人一人世話をなさる。仏法はそうでない。不可思議兆載永劫の、法蔵菩薩の本願修行というものに由って、南無阿弥陀仏という一つの法を成就なさる。法を成就してみれば仏さまは別に用事がない。御隠居されてよい。それは譬だけれどもまあ謂わばそんなようなものである。仏さまは何も救う用事がない。法がちゃんとあればもはやたすかりたいものは法を頼み、たすかる必要のないものは法を頼まんでもよい。「このうえは、念仏をとりて信じたてまつらんとも、またすてんとも、面々の御はからひなり」とある。きっと開山の仰しゃるとおり阿弥陀如来も、面々の御計らいなりと仰しゃるに違いない。だからして別に仏さまは忙しいことはない。余所の神さまは忙しい。まあ千手観音ということがある。観音さまは千本の手を持っていらっしゃる。阿弥陀さまに千手は要らん。阿弥陀さまはたった二本の手を持っていらっしゃる。その二本の手をちゃんとこうしていらっしゃる。何も手を上げたり下げたりなさらん。何故かといえば、南無阿弥陀仏という法がちゃんと成就してあるからそれだけでもはや後はただ皆さんにたすかる宿善が有るか無いかに因って、たすかるたすからんがある。だからして私の用事はこれで済んだ、もうこれから大仕事をするのでない。不可思議兆載永劫の修行で私の用事は終った。南無阿弥陀仏というものを成就しておきますから貴方方はたすかりたいものはこれを信じなさい。たすかる必要のないものはそれでよろしい。勝手にしなさい。こういうのが浄土真宗の教じゃないか。阿弥陀如来はもう何も用事がない。悠々閑々として泰然自若としておいでになるに違いない。何か阿弥陀如来というと忙しそうにあっちへ飛び廻りこっちに飛び廻りしていらっしゃるように思う。そんなことはない。余所の神さま余所の仏さまは飛び廻っておいでなさるかも知れません。阿弥陀如来は南無阿弥陀仏を成就しておいでなさるから、何も用事がない。総べて本願力というものがある。その本願力というものは南無阿弥陀仏のことである。南無はこれ本願である。南無はこれ昔の法蔵菩薩の四十八願である。阿弥陀仏の四字は今日の阿弥陀如来の自在神力である。だからしてもはやその外に仏さまの仕事は何もない。だから私共はもう南無阿弥陀仏を頼めばよい。南無阿弥陀仏以外に仏さまを頼む必要はないのである。もう一ついえば南無阿弥陀仏だけがある。南無阿弥陀仏の外に仏さまはないものだ。こういうてもよい。この六字の中に仏さまはおいでになる。阿弥陀如来という御方は六字の中においでになる仏さまである。阿弥陀如来とはどんな御方であるか。六字の名号が阿弥陀如来である。それが本願力である。だからして如来の本願力というのは南無阿弥陀仏である。だから仏法は南無阿弥陀仏が唯一の存在である。後は何も要らんものじゃ。その外に仏を頼むことは要らない。南無阿弥陀仏を除いてもう一つ仏さまを頼むというのは、それは仏法の教と違う。そこの道理をもっと明瞭にしてくる必要があると思います。けれども大体はそういうことであります。だからいってみれば法蔵菩薩は因位の人柄でおいでになったに違いない。けれども今日阿弥陀如来と申上げるのは、南無阿弥陀仏の名号であると言って差支えない。そうすると名号だけを阿弥陀如来という。その外何もない。ただ名号だけあるものだ。何だか頼りないものだ。こう皆さんは思われるかも知れん。けれどもその名号こそ阿弥陀如来の御魂である。そのみ霊を頼む。だから『蓮如上人御一代聞書』を拝読しますというと、他流には名号よりも絵像、絵像よりも木像という。当流には木像よりも絵像、絵像よりも名号という。浄土真宗の純粋の御本尊は名号である。こう仰しゃる。だからしてこの南無阿弥陀仏という名号だけしかない。またそれだけで沢山なんだ。

で、私共はその名号の上にその名号の徳を述べて、或は十万億土の浄土といい或は十劫正覚の阿弥陀と申上げる。これは皆その名号の上におのずから感ずるところの一つの純粋感情である。その純情を述べているのであります。そこに理論もなければ理窟もない。その外に仏がなければならぬ、それがなければたすからない、我々は安心させられない、そういうことではありません。ただ南無阿弥陀仏のお念仏だけで沢山、これが浄土真宗である。それは何であるかといえば昔の法蔵菩薩の五劫兆載永劫の御苦労で南無阿弥陀仏が成就した。阿弥陀如来が正覚を御取りなされた。この如来は光である。光の仏さまである。尽十方無礙光如来。光の仏さまなどというと何か頼りのないようだ、仏といったら人間と同じように頭があり、手もあり足もあり、そういう仏さまでなければ頼りないと、我々人間は思う。皆さんはそう思うでしょう。けれども一体人間に頭があったり耳があったり鼻があったり口があったりするのは何の為であるか、煩悩の為である。煩悩が鼻を拵えたり眼を拵えたりしている。自分の欲望を満足する為に、眼を作ったり鼻を作ったりしている。仏は煩悩がないから眼も要らんし鼻も要らん、光だけでよい。人間は手前が煩悩があるものだから眼が欲しかったり鼻が欲しかったり手が欲しかったり。それでとにかく人間が、手足があったり顔があったり耳があったりしているのは、皆煩悩の用事なんです。煩悩がそういうものを要求している。煩悩の要求に応じて耳が出来たり鼻が出来たりしている。その煩悩の要求でもって業を造って、その業の働きで耳ができたり鼻ができたりする。仏さまにはそういうものは要らん。ただ光だけでよい。だからして人間も本当にさきほど申しましたように、最後は耳も要らん、鼻も要らんし、息さえすればよい。本当にお前の体の中から皆要らんものを出せというと指十本の中から小指一本位切って出す。終いに指の中で一番大事な指は何だ。親指と人差し指。この二本あればものが摑んで食べられる。あとの三本の指はなくてもよい。この指二本位なくても余り大して差支はない。五本の指のうち三本位あれば大概用事が足りる。あとはちょっと附添えみたいなようなもの。何か別の用事を持ってきている。だからだんだん要らんものを節約して、要らんものを出してこい。そうしたらあれもこれも皆出してしまって、一番終いのもうこればかりはやれない。それは何だというと、呼吸。これだけはやれない。これがなくなったら本もなにもなくなってしまう。喉の息するところが大切。この息するところに生命がある。そこのところにお念仏が出る。喉さえあって息さえ通うておればお念仏ができる。もっとも舌が無いとお念仏は称えられないという。けれども舌があるまいと唇があるまいと喉さえ通ればお念仏ができる。喉がのうなったらお念仏ができぬ。喉さえあればそれは人には分らぬ。「ああ」といって、あの人は何をいうかという。けれども自分には分る。私共の尊敬しているところの先輩の方が中風になった。何をいわれるか人には分らぬ。けれども他人が聞いてこそ分らぬが御自分にはちゃんと分る。分らぬというのは他人がいうのであって、御自身にはよく分る。「ああ」といっている。それは自分には南無阿弥陀仏といっている。だからやはり中風の人間だってお念仏は称えられる。そういうもので、この舌がどうなろうと唇がどうなろうと、歯が欠けようと、喉さえ通っていればお念仏は称えられる。だからしてもはや最後の所、皆要らんものは捨ててしまえといったら、一番終いにどうでもやれないものは、喉だけである。これさえあればお念仏は称えられる。生きている限りお念仏は称えられる。そういうところに仏さまの念仏の本願、称名の本願というものを起されたということがある。易行の本願。称え易く持ち易くと仰せられるのはそういうところにある。もっともそれだけではありません。もっと詳しくお話しなければならぬのですが、まあそんなようなことまで考えてくる。だからして我々は何か仏さまというと、やはり人間みたいなような形でなければ満足しないのだ。けれども御開山さまはそういうことをよくお考えになりまして、本当の仏さまという御方はどういう方であるかというと、光明無量・寿命無量である。光明無量と寿命無量だけであとは何も要らん。こういうように仰せられているのです。その光明無量・寿命無量というのは南無阿弥陀仏の外はない。お念仏のところに光明もあり寿命もあり。お念仏が光明無量・寿命無量である。それをもっと私はお話しなければならぬと思いますが、今日は早十二時を過ぎましたから明日お話しましょう。光明無量・寿命無量は南無阿弥陀仏の名号の徳が、光明無量・寿命無量ということになる。こういうことを明日お話いたそうと思います。

今日は初めてこの壇に立ちまして、大部分の方は初めて御目にかかるような方でありまして、どうも思うようにお話ができません。明日になれば少し思うようにお話ができるだろうと思います。まあほんの今日は口開きを申し上げたようなことであります。

第三講　廻向と転入

浄土真宗は信心為本である。その信心というのは他力信心である。その他力信心というのは一般的にいえば、本願他力を信ずるところの信心である。こういう意義であります。しかしながら真宗の特別の意義から申しますれば、本願力から廻向せられたる信心ということである。こういうところからして至心・信楽・欲生の三心は一体でありますが、従来の多くの学者達が三心中においては信楽をもって根本とするということのみを強調して、その信楽を本とする所以は如何ということになるというと、その意義が甚だ明瞭を欠いていた。それは何であるかといいますと、即ち欲生我国ということの本当の意味が明瞭になっていないからである。欲生我国は他力信心、即ち他力廻向の信心、他力信心ということはこれを自分の自覚に訴え、その他力廻向ということを欲生我国が自証するものであるということを、昨日大体一応お話したのであります。

全体この信の原理は願である。信というものはつまり内に深重なる祈り、即ち願というものがあって、その願に因って決定されるのである。信を決定するのは願である。つまり信の因は願である。信は願の結果である。こういう工合にいって差支えないだろうと思います。即ち願が清浄ならば信は清浄であり、願が不浄であれば信心もまた不浄である。願が穢れていれば信心がまた穢れる、願が純粋であれば信心もまた従って純粋である。願が濁り不純粋であれば、信心がまた濁って、そうして不純粋である。信の純粋不純粋、清浄と混濁とを分つところの、その内なる因は願である。願が信を決定するものである。信が願を決定するのではなくて、願が信を決定する。こういうことを言って差支えなかろうと思う。昨日はそのことをはっきりといわれませんでしたから、聴いている御方には話が不徹底であったろうと思います。で、私は今日は信と願との関係は因と果との関係を有っているということを、ここに明らかにしておく次第であります。

で、もう一つ言葉を換えていえば、願が自力であれば信は自力である。なぜ信が自力であるかといえば、内なる願が自力であるからである。信心が他力であるということは願が他力であるということに因るのである。だからして信がおのづから他力信心であるということは何が証明するかといえば内なる願が証明する。信心が他力であるというようなことは、信が信としての位において、証明することはできない。信が自ら深く限りなく内観して、信が内なる願を観ずることによって、信が他力信心であるということを明らかにする。即ち信が他力廻向の信である。他力本願成就の信ということは即ち信を内より照らすところの願によって初めて証明せらるるものである。こう私は言いたいのであります。このことは今日初めて申すのでないのであります。

それで三願転入と廻向についてでありますが、私の一道友は『教行信証』六巻を分って前五巻は廻向の巻である、第六巻は転入の巻であるといわれています。昔からいえば『教行信証』六巻を前五巻は真実の巻である。第六巻は方便の巻である。前五巻は顕正の巻である。第六巻は破邪の巻である。こういう工合に昔の学者はいっているのである。けれどもわが道友は前五巻は廻向の巻、第六巻は転入の巻である。こういう工合にいっております。誠に結構な解釈と存じます、けれども、私、実に考えまするのに、廻向と転入とは二つあるのではない。法については廻向といい機については転入という。ただ法の位と機の位とから附けた名前の違いだけでありまして、廻向も転入も一つである。転とは廻なり。廻向は廻転趣向なり。これは昔からずっと伝統の解釈である。随って転入とは廻入である。廻と転とは同一である。かるがゆえに三願転入はまた三願廻入ともいう。だからむしろ三願廻入といったならば間違がないでないか。三願転入と仰せられるところに却って誤解がきているのでないかと思います。転入というと梯子段みたいなように一段一段と段を上るように思う。廻向といえばぐるっと方向転換すること。だからしてそこに転と廻とは大体そういうように、転は直線的に転進するように考えられる。廻といえばぐるりと方向を換えること。そういうので廻と転とそこにちょっと気持が違うようです。だからして転入というと梯子段を上るように昔から考えられているのもまた已むを得ないことかも知れぬ。しかしながらそうだからといって転入ということを、梯子段を上ることだ。そう決めて考えるというと大きな間違がありはしないか。ただ梯子段を上るのではないのであります。第十九願から第二十願、第二十願から第十八願。第一段はこれ第十九願、第二段はこれ第二十願、第三段はこれ第十八願の第三段を経てそうして三階へ上るように真実浄土に往生するのである。こういうように多くの人は考えているのであります。しかしながら果してそういうものであろうか。転入とはそれだけのことであろうか。転入ということは一つ一つ上って行くのを転入というと決っているのであろうか。上っては止り上っては止り、止ったり上ったりする。そういうことが本当の転入であろうか。分々段々に上って行くということであろうか。必ずしもそうでないと私は思います。転入は一念にある。何かはっきりしておらんようだけれども、しばらく開山聖人は時間を異にしているが如くお述べになっているようであります。しかしながら真実のことをいえば、転入は一念にあり。一念発起のところに転入がある。即ち転入ということは或は廻心ともいう。廻心はただ一度あるべし。一念帰命はただ一度である。その一念帰命のところにそこに十九の願を捨てて第十八願に帰入する。その第十八願の中にまた二十願がある。二十願というものは第十八願の中にある。十九の願は第十八願の外にある。二十願は第十八願の中にある。内と外ということでいえばそうあるのでないか。十九の願二十の願はみな第十八願の外にあると一般に考えられているようである。けれども果してそうであろうか。三願転入の御文をみますと、「愚禿釈の鸞、論主の解義を仰ぎ、宗師の勧化に依りて、久しく万行の諸善の仮門を出でて、永く雙樹林下の往生を離る。」十九の願は入る願でなくて出る願である。十九の願には出るということはあるけれども入るということはない。それには廻心というものがないからである。二十願は「善本・徳本の真門に廻入して、偏に難思往生の心を発しき、然るに今特に方便の真門を出でて選択の願海に転入せり。」二十願は入ると出ると二つある。第十八願は入るということがあって出るということがない。十九の願には宗師の勧化によって十九の願へ入ったということはない。論主の解義を仰ぎ宗師の勧化によって、久しく万行諸善の仮門を出た。出たことだけあって、教によって十九の願に入るということはない。教によって十九の願は出たのである。何時入ったか。誰も入れたのでない。はや自分ひとりで入った。十九の願というのはひとりで入ったのであって、何時入ったということはない。つまり御開山さまにすると、既に御開山さまが幼くして御両親を亡なわれ、そうして九歳の春の時に生死無常の事実を深く悲歎せられまして、そうして仏道に入られたのであります。その時ははや十九の願の中にあった。十九の願というのは何時入ったということはない。けれども若し強いていえば、聖人九歳の時に慈鎮和尚の門に御入りになった時に、十九願に入ったのである。こういって差支えない。誰かに教えて貰って十九の願に入るのでない。仏門に入った時に既に十九の願に入る。その時ははや念仏ということを知っておいでになった。開山さまは家庭にいる時に既に念仏を知っておいでになった。けれどもただその念仏は漠然とした念仏でありました。だからして別に念仏ということについて特別注意をはらわない、ただ漠然としているに過ぎなかった。二十九歳の時に法然上人の御名声は恐らくは既に夙くから御聞きになっておったに違いない。しかしながら聖人は偏に楞厳横川の恵心僧都の遺徳を慕うた。恵心僧都の行跡を深く慕われた。この比叡山横川に隠れて、そうして静かに厭離穢土・欣求浄土、静かに念仏の行を修しておいでになりましたところの、床しい源信和尚の行跡を深く慕うておられた。随って法然上人が比叡山から出て、そうして専修念仏の旗を掲げて、そうして廃立の狼煙を勇ましく挙げ、選択本願の叫びを勇ましく叫ばれたところの行き方については必ずしも我が開山聖人は、それに心を引かれなかったに違いない。むしろ反抗を持っておられたに違いない。法然上人を知っておったら早く法然上人の所へお行きになりそうである。けれどもそれに行かれなかったということは、法然上人に対して敬慕の心を持っておられたのでなく、むしろ反抗心を持っておられたのでないかと思うのであります。けれども証拠がないからそうだと私はいえない。恵心僧都のようにすべきか法然上人のようにすべきか。こういうと我が聖人の御心からいえば、恵心僧都の跡を慕うて行くべきであって、法然上人の御跡を慕うて行くべきものでない。こういうようにお考えになったのであろうということは、必ずしも私自身の独断であるとは思わぬのであります。恐らくは法然上人の御名前は既に十数年も前から聞いておいでになったに違いない。また聞こうと思わぬでも聞えるに違いない。そうでありましょう。何も専修念仏なんという狼煙を挙げないでも、自分の仏道というものは自分の仏道である。だからして静かに山の中に隠遁して、そうして一人念仏を修するということが、聖人の御本懐であったように思われる。けれども源信和尚は既にもはや往生せられて、もう現在そこにおいでにならぬのである。残っているものは源信和尚の遺されたところの著述である有名なる『往生要集』があるばかりである。現在は人はおらない。源信和尚の念仏は天台の常行三昧の念仏で、常行三昧という一つの伝統がある。その常行三昧の念仏であったに違いない。ただそれを修するにしても御師匠様がない。御師匠様がなく本当の正しい道というものを得ることはできない。これは我々もそういうことについて深く考えなければならぬことであると思います。普通の学問でも立派な師匠というものに会わなければ本当に学問することはできないと思います。必ずしも心の学問だけではないと思います。自然科学というような学問であろうと、自分の心から尊信するところの学あり智あり、学と徳とを合わして備えている、その人格の高いところの学匠に会わなければ本当に学問はできないであろう。今日の学界或は思想界にいろいろな間違いの起ってくるということは、その人を導くところの学徳兼備の学匠がおらないからである。徳のないところに本当の学問はない。徳がなくて学問だけ偉い人なんかあるものでない。そんなものはある道理がない。人格は下劣だけれども学問だけは抜群である。そんな学者なんてあろう道理がない。それは断じてない。本当に自然の学問というものにどこどこまでも踏み入るところの偉大な学者というものは、やはりまた徳の高い人格者でなければならぬであろう。そうあるべき筈である。だからして学問というものは、やはり普通の学問でも師匠に帰命するというところから始まるのであろう。帰命のないところに学問はないと私は思う。況や大菩提の道というものは、そこに本当に道を体得して導いてくれるところの先達者がないところに如何にして正しい修行ができよう。即ち聖人の悩みというものはそこにあった。竊かに楞厳横川の遺徳を慕うておらるるけれども、既に横川の先徳は入滅されてしまった。その遺風を伝えるところの立派な徳者はおらんのである。それで幸いにも聖人と親しく交りを結んでいたところの御方で、法然上人の教を受けておらるるところの真面目な求道者がおられた。それは外ではない、即ち聖覚法印である。久しい間法然上人の余りに鮮かな、目に立つような行き方というものは、我が聖人の御性格に合わないのである。しかしながら聖覚法印の切なる導きによって、遂に意を決して、二十九歳の時に法然上人の禅室を訪ねてそうして初めて教を受けられたのであります。その会われた時の感銘というものは、長い間我が開山聖人が思い浮べておられたところの法然上人とは全く違っている御方であった。なるほど何か法然上人といえば、我れ此処にありというように名乗りを挙げている人だと思うとそんな人ではなかったのである。我が聖人が久しい間憧れていたところの過去の人であるところの恵心僧都、それと同じ人である。恵心僧都の儘が法然上人である、法然上人は本当に自分の後生の一大事ということに悩んで、そうして静かに出離生死の菩提の道を求めて、善導大師の一心専念の御文、その御文が横川の恵心僧都の『往生要集』の中に引用されていた、「一心専念弥陀名号、行住坐臥、不問時節久近、念念不捨者、是名正定之業。順彼仏願故。」その御文を拝読された。そこに落涙千行万行であった。その時に直ちに雑行を捨てて正行に帰入されたのであった。法然上人は正しくその横川の先徳の教によって善導大師に接せられた御方である。ただ直接に善導大師の教を受けるというのでなしに、やはり横川の先徳の跡を慕うて行かれた御方であった。また横川の恵心僧都と対照的な法然上人と久しく思うていたが、それが夢の中にも忘れないで脳裏に描いていたところの恵心僧都という御方とそっくりな法然上人。これが横川の恵心僧都でないか。自分が十数年の間昼も夜も憧れていた恵心僧都が、眼の前に法然上人と名乗って、名前は変っているけれども自分が夢にも忘れることができなかったところの懐しい恵心僧都のままの姿が眼の前においでになった。そこに忽ちに簡単な十分か十五分の間のお話を聴いて、我が開山聖人は「雑行を棄てて本願に帰する」と、その古い手帖を引き出して『化身土巻』にそのことを記録されてあります。聖人が若い時に書いておかれた手帖を出して、建仁元年の幾日の日に自分は雑行を捨てて本願に帰した。こういうお言葉はそれは外のことではない、正しく法然上人にお会いなされた時の記録であった。だからしてその時に第十九の願、後から考えれば第十九の願の万行諸善の仮門を出でて、雙樹林下の往生を離る。こうある。そうして善本・徳本の真門に廻入した。そうして難思往生の心を起した。ちょっと考えると如何にも未だ法然上人のお膝下へ入った時は半自力・半他力で、十九の願から二十の願へ入った。ただそれだけだと今の学者は思っている。我々もそう思った。けれどもそうではないであろう。あの真門といい難思往生という、あれが即ち二十願の名前である。それが即ち十八願中の二十願である。二十願は十八願の中にある。十九の願は第十八願の外にある。だから十九の願を出でて十八願に帰入する。けれども二十の願は第十八願の中にある。第十八願の外に十九の願あり、第十八願の内に二十願がある。十九・二十願共に十八願の外にあると我々は久しく思っていた。けれどもそうではない。十八願の内に二十願あり、外に十九の願がある。そういって差支えなかろうと思うのであります。しかしながら二十願は大体からいえば内にある。けれどもまた外にあるといわれる。十九の願に対しては二十願は十八願の内にあるが、しかしながら又同時に外にある。こういっても差支えなかろうと思う。十九の願は専ら外にある。二十願は内にしてまた外にある。この雑行を捨てて本願に帰すと我が聖人が日記の中に記録しておかれたのでありましょう。けれどもその十八願は単に十八願であると思っていた。焉ぞ知らんや。その十八願の内にまた二十願がある。この二十願というものは自分の機についていえば、深く悲しむべきことである。しかしながら同時に法についていえばこれは実に如来広大の御恩の極りなきことを語るものではなかろうか。よくよくの我々の我慢我情である。この我慢我情というものは外から附加えられたものでありましょうが、仮え外にあるものであるというても更に更に内の内まで喰い込んでいるのである。我慢自力の信というものはよくよく深い所にある。雑行雑修というものは一応は法然上人のお顔を拝んだ時にさらりと去ったようである。しかしながら自力の雲霧は更に更に深い所にあるということは、我が開山聖人が法然上人の門に連なって初めてそれを見出されたのであります。三百八十余人の同門の人々の姿を見た時に、これは徒事《ただこと》ではない余所事ではないと深く悲しまれたのでありましょう。三百八十余人の外の人が不満に見え、自分は一度は憤慨したのである。しかしながら憤慨などしていられるどころでない。既に火事は外にあるのでない。貪欲の水と瞋恚の焔とは自分の心の中までも奥深く浸み込んで、迫っているじゃないか。他の同門の御方々は暢気である。暢気な人は得意である。我々はもう法然上人の教を受けているものならば、もう雑行とか雑修とかいうものは昔になくなってしまった。何処にその垢があるか。こう多くの人はいっていた。その中に我が聖人、ちょうど人間が風呂へはいった時には、汗も取れ垢も取れるであろう、しかしながら直ぐにまた風呂から上った時から汗が出る、また垢が溜まるであろう。だからしてただ一遍風呂へはいった時だけは垢が落ちたけれども、何時の間にやら自分の体中は汗と垢に汚れている。それを自分は知らない。俺は一遍風呂へはいった。汗を流し垢はないと多くの人はいっている。自分は正しく何十年の間風呂へはいったことのない時には、自分の汗や垢すら自覚しなかった。法然上人の教を受けるに及んで、初めて自分は風呂へはいったようなものだ。初めて風呂へはいったことによって、今後自分は何時でも何時でも時々刻々に汗や垢に穢されるものであるということを知らして貰うた。それは勿論法然上人の教を受ける前にも自分の罪深いこと、生死無常ということを自覚しないではない。けれどもしかしながら上人の教を受けるまではそういうものは外にあるものだと思っていた。しかしながら法然上人の教を受けてから、それは内にあるものだということを初めて知らして貰った。今迄は罪は外にあるのだ。こう教えて貰った。迷は外にあると教えて貰った。またそういうものと思っていた。上人の教を受けて初めて迷は内にあるということを自分は感ずることができるようになった。そこに我が聖人は深き悩みを有っておいでになったのでありましょう。だからして我が聖人は、この三百八十余人の門侶の中に唯一人孤独の境地にいられたに違いない。そうして遂にかくのごとく深い問題は、仮え御師匠法然上人からも教を受けることはできない。それは自分の与えられたところの課題である。こればかりは人から教を受けることはできない。ただ法然上人のお姿を見れば煌々として、念仏の光が輝いている。しかしながら果してただそれだけであろうか。我が開山聖人は法然上人の外に輝いているところの智慧の光、大勢至菩薩の化身、御師匠法然上人は智慧の光の御姿である。しかしながらその智慧の光というものは、内に何か光るところの根源がなければならぬ。ただ徒らに外に光っているのではあるまい。そういうことが一つの大きな問題であったに違いない。それは別に法然上人から教を受けることはできない。それは自分の問題である。自分が一人解決すべき問題である。それは一朝一夕に完了することはできない。議論ではない。これは行の道である。それは生活をもって時節を待つ外ない。長時間というものを待つべきものである。そこに修行がある。そこに本当の意味の行というものがあるであろう。で、聖人はそういうことについて一方には同門の人々と時々議論を闘わされたこともあった。即ち信行両座のことも『御伝鈔』に書いてあるし、或は信心諍論、信心の自力・他力ということを同門の人と議論をされたこともあった。ああいうことも『御伝鈔』の文章だけを見れば、如何にも角立ったようだけれども、何も滔々と角立って、口角泡を飛ばすような大諍論でもなかったであろう、何も外の人の面目を損するというような、人に恥をかかすというような、そんな大きなことが現われるということでもなかった。外の人はそんなことは忘れてしまっているというようなことであった。然るに我が聖人のみが、仮えほんのおどけ交りのように話をする、談笑をするというようなことでも、そういうようなことにも真面目に内観せられた。外の人はただ小田原会議で、その場限り、あれも一時これも一時というような思いであった。けれども我が開山聖人は、ほんの友達同志でただ道化で言い合いをしているというような事柄でもそのなかで聖人は真面目に考えていられた。もっともそうだからといってそれを角立って語るということはないのでありまして、そういうことにも深い内観の眼を常に輝かしておいでになったことのように思われるのであります。例えば『歎異抄』の第九章「念仏まうしさふらへども云々」と唯円大徳がお尋ねなされた。この時「親鸞もこの不審ありつるに」ありつるにということは、つるということは昔から現在でもある。恐らくは嘗て法然上人に対して問われたところの問であったに違いないと思われる。しかしその証拠はない。「念仏まうしさふらへども、踊躍歓喜のこゝろ、おろそかにさふらふこと、またいそぎ浄土へまひりたきこゝろのさふらはぬは、いかにとさふらうべきことにてさふらうやらんと、まうしいれてさふらひしかば、親鸞もこの不審ありつるに、唯円房おなじこゝろにてありけり。」これは昔我が聖人がやはりその通り法然上人にお尋ねになっていられたのであろう。法然上人にお尋になった時に、法然上人もこの不審ありつるに善信また同じ心にてありけりと仰せられた話かもしれない、その昔を思い出されたのである。親鸞もこの不審ありつるにということは、この不審をして御師匠法然上人に御問いをしたことがあった。けれどもこの不審というものは実践上の不審である。実践上の不審であるからして、道理からいえば既に自分は道理は分っている。道理は分っているけれどもしかしながらその実際の事実の上においては、今日尚その不審を有って、昔も今も同様である。やはり恐らくは我が開山聖人が、御師匠法然上人に向ってお問いになった時に、御師匠の法然上人も、この不審ありつるに、善信房同じ心にてありけりと法然上人が仰せられた。それを思い出して、親鸞もこの不審ありつるに唯円房同じ心にてありけりと仰せられたのでないかと思う。こんなところは証拠がないともいわれるし、また証拠があるともいわれる。証拠があるとは私はいわない、いわないけれどもいう必要もない程に、又明らかな証拠がある。だからして十九の願は、法然上人の禅坊の扉を叩いた時に解決したのである。けれども二十願というものは今まで知らなかった。今まで知らなかったが、法然上人の教を受けた時に二十願というものがもう一つあるところの理由を今更に発見した。十九の願というものは前に分っていった。二十願というものは今まで知らなかった。一体十九願を捨てて十八願に入ることは、どうしてできるか。二十願という媒介者があって入る。

十九願を捨てて二十願へ入った。十九願と十八願はどういう関係を有つか。二十願が果遂の誓という。大概の人は転向ということは、此を捨て、彼を取る。ただそう簡単にいっているけれども、誰がこれを捨てしめるか。誰がこれを取らしめるか。結婚にも媒介者がある。正しい結婚は媒介者がある。仮え自由結婚でも何かの形においてやはり媒介者というものがなければ本当の結婚にはならない。そのように十九の願を捨てて十八願に入った。自力雑行を捨てて他力本願に帰入した。他力本願を信じた、他力本願の信心を獲ただけであっては他力廻向の信心を得たという証拠にならない。他力廻向の信心ということを証明するものは果遂の誓であります。第二十願が他力廻向の信ということを証明している。それを昨日は欲生我国がこれを証明すると申したのでありますが、もう一つ言葉を換えて言えば、第二十願がこれを証明する。二十願というものが正しく本当の欲生我国である。十九願にも欲生我国があり、二十願に欲生我国があり、第十八願にも欲生我国がある。けれども十九願の欲生我国はこれは本当の欲生我国ではない。仮初めのものに過ぎない。何かの為に過ぎない。二十願の欲生我国というものは十八願の内にあって、また外にある。ただ徒らに外にあるものではなくして、内にあって外にある。だからして二十願は立体的である。立体的ということは自証である。自覚自証を有つ。ただ十九願と十八願だけでは平面的である。これを捨ててこれを取る。雑行を捨てて本願に帰す、雑行を捨てて本願に帰したというだけでは平面的である。雑行と本願というものは二つ別のものである。そこには因縁がないのであります。雑行を捨ててしまってそうして本願に帰した。こういうように考える。捨てると帰するとは一念同時であるということはそれでは証明ができない。だからして捨てたと思っていても本当は捨てたのであろうか。また帰したと思っているけれども本当に帰したのであろうか。それが証拠がない。ただ何時の幾日に法然上人の教を受けたというだけの記録である。あの時に有難かった、一生あの時の喜びは忘れられないというだけのことである。それが果して如何なる意義を有つかということはよく分らない。しかしながら後から振り返ってみるというと、そこに果遂の誓があって、それが私を、比叡の山の中から腰の重いところの自分を鞭撻して、後から押し前から引いて、所謂後から発遣し前から招喚して、そうして法然上人が前まで引いて行ってくれたものである。ただ自分は自分でもって、法然上人のところへ行ったと思っているのだけれども、しかしながら自分の一足でも運び、その重い腰を立上らせたという、それが皆果遂の誓である。それを今まで知らなかった。自分の力で法然上人の所まで足を運んで行って、そうして自分の力で雑行を捨てて、自分の力で本願に帰したと思っていた。そうではなかった。雑行を捨てしめ本願に帰せしめて行く、それを見出すところの契機、それは即ち果遂の仕事であります。それを見出したところの本当の本願力廻向ということを現わすものが、第二十の願である。無論その根源は第十八願である。こういうことになるのであります。だからしてここに眼を開いた時に、この如来の本願は既に現在にある。一念発起は現在にある。何時でも一念発起の力は現在にある。こういうのであります。まあこれは大体昨日の話を少しく明瞭にしただけのことでございます。

第四講　道理と論理

総じて廻向とか転入とかいうことは、我々の心の方向の徹底的転換を決定して行くべき枢機をいうことであります。だから法の善巧摂化については主として廻向といい、機の進趣展開にあっては特に転入というのである。この二つは観点の相異であって体が二つあるのではないのであります。それ故に大行を廻向するとか信心を廻向するとかいう時には、行は法、信は機というけれども行信という時はやはり行も信も一体として、これを総べて法の位について廻向という。随って信心廻向という時にも法の位におき如来の真実と名号についていう。それに対し、廻心・一念発起という時には機の受得についていう。信の一念というものは仏から貰うというが、仏から忽然として貰う、そんなふうに偶然に信の一念を戴くという秘事法門などというものは皆神秘主義の悪用であります。神秘主義必ずしも秘事法門ではない。けれども神秘主義というものを人間が悪用して、そうして何か私のさまざまのペテンの道具にした時に秘事法門というふうになる。神秘主義にも可なり深いものもある、こう思います。とにかく信心を戴くということは「義なきを義とす」というのだからして神秘主義と同様に思う人もある、けれども違う。義なきを義とするという。自力聖道の心を捨て、他力不思議に帰入する。帰入するところは忽然として得るという神秘主義でないのでありまして、獲るのは必ず得さして貰うのだ。得さして貰えばそこに内面的必然の道理がある。信心を与えて戴くについては信心には理論はない、けれども道理がある。「義なき」の義は理論論理。「義とす」という義は事実道理である。聖道門は理論本位であるに対し、浄土門は理論を離れて道理に帰する、それを「義なきを義とす」という。理論を超えて道理がある。「念仏には、義なきをもて義とす。不可称・不可説・不可思議のゆへに」と、理論がないからといって、道理までない訳はない。理論がなくなるとき本当の道理が顕われるのであります。理論は他を征服し勝つところの武器である。理論のあるところには常に平地に波を起す。つまり理論の世界は争いの世界。理論は争いのないところへ争いを起す。道理が明らかになれば長い間の争いも止む。それが道理と理論或は論理と道理の違いであります。この頃の人は論理と道理と混同している。現代には理論がある、けれども道理がない。我々は理論は知らないけれども道理を知らして貰う。道理は知らして貰うものであり、理論というものは人間が作り上げるものである。理論というものは我の武器である。我が我を護るところの武器である。我が我を護り我が我を拡張してそうして他を征服する。外物を征服し他人を征服する。自我が他我を征服しまた非我なる自然を征服する。学問というものは自然を征服する武器だと、こう人はみる。今の学問は自然を征服するところの武器である。学問のあるところにそこに平和は破れる。学問すると平和が破れる。息子が学問するというと両親に反抗する。これ即ち今日の学問が論理の学問であるからであります。今日は学問をすればする程一家の平和が破れる、一家の平和が破れるような学問であるならば社会の平和が破れるような学問である。社会の平和が破れるような学問であるならば世界の平和が破れるような学問であろう。それを内にすれば自分の平和を破る学問であろう。自分の平和を破る学問であるならば、外にしては一家、一国更に世界の平和が破れるところの学問である。論理の学問には内には平安・安心がない。外には平和がない。平和というものはただ外にだけあるものではない。外に平和の世界を現わすのには内に心の平安がなければならぬ。内の安心を除けものにして外にのみ平和を唱えている人がある。つまりいってみれば、外の平和の為に内に闘争する。つまり外の闘争を内に向けるのが、それが一つの修養だと考えている人がある。つまり凡人は内の闘争を外に向ける、偉人は外の闘争を内に向ける、こういうように考えている。どっちに向けたって畢竟同じことに帰するのである。けれども内に闘争があって外に真の平和がある道理がない。内外一如である。闘争を内にのみ隠して外に平和の世界を実現しようと或者は考えている。一方から言えばその真面目な修養の精神は深く称歎すべきものである。しかしながらそういうことは全く成就しないことである。不合理を合理化するのを学問といい或は道徳というが、しかしそういう行き方も一つの行き方であって、これを難行道という。理論と道理の区別をはっきりと今日の人々は知らねばならぬと存じます。願わくば理論の学問を止めて道理の学問を輝かせなければならぬ。仏教の学問は道理の学問である。我等は速かに理論の学問を捨て道理の学問に帰入すべきであります。

それはともかくとしまして二十願の果遂の誓というものは、親鸞聖人が『化身土巻』にお述べになりました。その果遂の誓ということについてもっとお話をしたいと思います。果遂の誓ということを知らぬ時には何か知らん自力を捨てて他力に帰するということは、自分の力で自力を捨て自分の力で他力に帰入するものと考えている。他力といってもその門を開くのは自力であろう、こんなように考える。まあ今日の学者はそう思っているのです。だから結局世には他力本願というけれども自力本願がなくては真の他力の門は開けぬではないか。まあぼた餅は棚にある、落ちてくるのを待っている。鼠が騒いで猫が飛んできたためにぼた餅が口の中へ棚から落ちてきた。そういうようなことを待っているのが他力だと、そういう工合に何時でも僥倖を待っているのである。このような人は真の他力本願を知らない愚か者であって、他力の廻向を得るには自力の努力によって他力のくる機会を作る。機会は自力本願である。こういうのが大概今の世の常識者の考えでありましょう。そういう学者は沢山ある。他力本願なら自分は分らぬから話を聴く必要がある。けれども自力本願なら聴かんでも分っている。分っていることを如何にも学問らしくいうものですから反って感激する。その感激するところに眉に唾をつけて聴く必要がある。

定散自力の称名は　　果遂のちかひに帰してこそ
おしへざれども自然に　　真如の門に転入する
信心のひとにおとらじと　　疑心自力の行者も
如来大悲の恩をしり　　称名念仏はげむべし

この二首の御和讃は一首は『浄土和讃』の「大経和讃」の中にあり、次の一首は『正像末和讃』の「疑惑和讃」の中にある。けれどもこの二首は前後相対応しているものと思う。こういうところに果遂の誓というものがある。だから第二十の願というのは、法についていえばいよいよ如来広大の本願の力を現わす。機にあっては自力妄執の深くして徒らに仏にご苦労をかけているということを悲しまれるのであります。で、この果遂の誓というものは何を現わすかといえば宿業を現わす。機にあっては宿業を現わし法にあっては宿因を現わす。機にあっては自己の宿業の罪深きことを知らしめ、法にあっては如来の宿因の深厚なることを感謝感激せしめるものが即ち果遂の誓であると、こう私は申したいのであります。で、私共は時という、時節到来という、信の一念は時節である。「夫れ真実の信楽を按ずるに、信楽に一念有り、一念とは斯れ信楽開発の時尅の極促を顕し、広大難思の慶心を彰すなり。」信の一念というは時節の一念である。信楽開発の時節の極促を顕わす。ああいう言葉がありますが、あの時節という言葉は何を顕わすか。親鸞聖人があの時節という言葉を本当に体験なされたのは恐らくは第二十の願の果遂の誓を発見せられたことが、時節ということを見出されたことであります。ああいう御釈というものは、今申しますようにこれはただ雑行を捨てて本願に帰すというようなそんなところへ出てこないのであります。雑行を捨てて本願に帰するということは、蛇が皮を脱いだようなもので、新しい皮ができたから古い皮を捨てた。著物が小さくなったからそれを脱ぎ捨てて大きい着物を着た。大きい着物ができたから小さい着物は窮屈だから脱ぎ捨てたというものでありましょうか。そんなようなことでは本当の信の一念ということはない。信の一念は果遂の誓というものを見出した時に、初めて見出す。第二十願の果遂の誓というものを見出さない者には信の一念は分らぬ。宜なるかな信の一念というものは、唯一人我が開山聖人によって初めて見出されたのであって、開山聖人以前には誰も知らなかった。法然上人の門侶三百八十余人の中一人も信の一念ということを見出さぬ、これは何であるか。果遂の誓ということを知らないからである。何で信の一念ということを仰しゃった。異訳の経典に拠ったに違いないけれどもその異訳の経典を見出したのは何によって見出したかというと、果遂の誓ということから教えられた。異訳の経典は総体に間違だ、こういっている中に、異訳の経典また正しい、こういうことを見出したということは、何が見出さしめたかといえば、それを見出さしめたところの自証の原理は何処にあるかといってみると、果遂の誓。その果遂の誓を見出したということは即ち本当の欲生我国の声を初めて聴いた。即ち如来が諸有の衆生を招喚したまうところの具体的呼声を聴いた。声というものが初めて具体的である。本当の言葉が具体的のものである。我々は言葉を抽象して思想というものを作る。思想は抽象的のものである。言葉のみが具体的のものである。その具体的な言葉を捨てて徒らに抽象的思想を尊重して行く。そうしてその思想のみを尊重して具体的言葉を卑しめる。言葉は不完全だという。言葉が不完全であるのでない。自分の言葉が不完全なのである。思想を本にして言葉は末のものだと考えているところの言葉が不完全な言葉でありまして、言葉そのものが根源であって、言葉自身の反省に初めて思想があるのである。思想が根源で言葉が末であるというのは本末顚倒しているのであります。

この欲生我国を人間の思想だと考えている人がある。欲生我国は如来招喚の言葉である。具体的事実としての欲生我国を、今更に見出したのが、それが如来が諸有の衆生を招喚したまう勅命であり、具体的現行即ち歴史的事実、即ち欲生我国において初めて歴史的事実として具体的なものを見出した。その具体的なものは何であるか、南無阿弥陀仏である。南無阿弥陀仏の中に欲生我国を見出した。我々は久しい間南無阿弥陀仏をのけものにして欲生我国を考えていた。然るに我が聖人は南無阿弥陀仏において初めて欲生我国の如来の招喚を見出した。それを知らしめて下さるのは本願成就の文の「至心に廻向したまへり」ということである。至心廻向の四字は南無阿弥陀仏の中に、南無阿弥陀仏において欲生があるぞ。南無阿弥陀仏は欲生の具体的現行であるぞ。南無阿弥陀仏の外に欲生があるのでないぞということであります。

然るに人々は、南無阿弥陀仏の外に欲生の祈願心があると考える。称名念仏行の外にもう一つ願生心が必要であるぞ。こう考えてきたものであるからして、そういう欲生我国の本願の言葉を抽象的の願生浄土の心と考えた。抽象的なものは自力作為の心である。自力作為は抽象的である。他力招喚は具体的である。抽象的なる作為の心を自力といい具体的なる招喚の勅命を他力という。南無阿弥陀仏において欲生我国を見出したのは即ち他力自然の欲生である。南無阿弥陀仏をのけものにして、大行をのけものにして欲生我国を作為したのは抽象的の欲生我国である。自力のはからいの願心をもって如来の名を称えるというと、称名行がまた自力作為の行となる。名号そのものは元より自力作為の行ではない。けれども自力の願心をもって称えればまた自力の行ということができる。かくの如く自力作為の願心の上には念仏と往生とは二つになる。念仏往生ということは念仏即ち往生ということである。念仏する行の外に往生の行はない。念仏することが即ち往生することなり。念仏をさせて戴くということが往生をさせて戴くということである。念仏させて戴いたなと感ずるなら直に決定往生の行が成就するのである。俺が念仏するのだぞ、こういったら往生は全く定まらない。念仏して、それを、それを手段にして――念仏がこれの踏み台と考えている、勿体ないことである。念仏を踏み台にしてそうして往生を願求する。念仏を踏み台にして二階の浄土へ往生しよう。念仏はただの因である。往生はただの果である。因はプラスとマイナスである。これを数字の式で表わせば、因－果＝0 何も無くなる。折角何十年の間働いた。やれやれと楽をしたらば病気してしまってコロッと死んでしまった。因－果＝0。人間のすることは大体そういうもの。みな零、何もない。馬鹿らしいもの。六十年の間難儀苦労してきた、そうして財産を貯めて自分の子供が幸福になるようにと欲ってきた。さて、俺の目の黒い内に、早自分の息子が放蕩して忽ちにつかい果してしまった。何処へ行っても、因－果＝0。

ああつまらん。「煩悩具足の凡夫、火宅無常の世界は、よろづのこと、みなもてそらごと、たはごと、まことあることなきに、ただ念仏のみぞまことにておはします」。大概の人は「念仏のみぞまことにておわします」ということを忘れている。「煩悩具足の凡夫」ということを忘れている。大概の人は煩悩具足の凡夫をいわないで、「火宅無常の世界は」という果ばかりをいう。因のことは知らないでいる。火宅無常の世界はよろづのことみなもてそらごとたわごとまことあることなし。火宅無常の世界の前に「煩悩具足の凡夫」ということがある。またまことあることなきという下に「念仏のみぞまことにておはします」ということがある。後先き切ってしまって真中ばかりで宙ぶらりん。a－b＝0。そういう式だけ定められる。皆はや人間は平生は何か偉い、a－b＝x。こう思っている。x＝0とはいわぬ。そういうようなもので何か体の健康な時は何時でも、a－b＝x。aの中味は無尽蔵である、従ってaというものは無限大であるが故にbを如何に大きくしても、＝xというものは無限大に近いものが残っている。こういう工合に思っていた。けれどもちょっと何か事件が起ってくるというと直ちに、a－b＝0。平生の時は、a－b＝x。

けれどもそれが何か事件が起ってくるというとｘ＝０になる。ａ－ｂ＝ｘ。ｘ＝０。ｘ＝０ということは何時でも平生の時にちゃんと病気にならんでもｘ＝０なんだ。病気にならぬ時はｘは何であるかということを知らない。ただ病気になると初めて零であるということになる。病気にならんでも何かちょっとしたことがあるというと、狂乱のようになる。人間はまあこの世の中で、吾が子ほど可愛いものはない。しかしその子供がちょっと何か間違ったことをすると、直ちにこの野郎と立腹する、子供より親の方が先に狂乱になる。この野郎といわれても、子供はただ無邪気にしている。別に悪いことをしているのでも何でもない。親からみればなるほど大事な筆や墨かも知れん。このペンは数百円も出して買った。子供からみれば、これは五円か十円のものかと思っている。そうでありましょう。おやお父さんの万年筆を子供が出している。この野郎。子供には何も罪はない、親の方に罪がある。そんな惜しむようなペンなんか買わん方がよい。子供が投げて捨てても腹を立てんでもよいようなものを持っていればよい。それを身分不相応なペンを買って粗相しておくものだから叱る方が間違っている。そう言ったからといって叱るなという訳ではないのであって、腹を立てないで叱ればよい。腹を立てて叱ると間違う。先づ子供を叱るのは正しい叱り方がある。腹を立てないで叱る。先ずゆっくりと考えてそうして叱る。叱る前に考える。そうして叱るとよい。そうすれば子供はなるほどそういうお父さんの大事なペンであったかな。まあ子供は賢い者、親よりは子供の方がずっと賢い。親馬鹿といって大概親の方は馬鹿に決っている。齢取ると賢くなると思っている、けれども反対に馬鹿になる。我々も大分馬鹿になった。

まあ、そういうようなものであって、今申したように願というものは大事なものだ。信が清浄であるか不浄であるか信を決定するところの自覚原理は願である。だから願清浄ならば信清浄なり。願不浄ならば信不浄なり。願自力ならば信自力なり。願他力なるが故に信初めて他力なり。だから仏法の学問は願の学問である。願というものに眼を開いて初めて行というものがある。願をのけて行ばかりみているからして、俺はこんな立派な行をしたということになる。その行の後にある願がどんな願か、それの自覚原理の願というものをみればよい。我々は信心為本という。この信心為本ということは御開山様が教えて下されたがそれは何であるか。こういえば願をみよ。信心々々といってまた信心ばかりみているものだから、また信心々々といって行ばかりみている。大概の人は信心信心といって行ばかりみている。信心為本ということは願をみよということ。信心為本は信をみよということでない。ただ念仏為本、念仏為本といっても、ただ行だけみているものだからして、信心為本と仰せられるのはその願を見よ。形のある行だけみていても分らぬ。形を超えて形を見直す。これが信心為本。形だけみていると醜いものもみなれると醜い姿は分らなくなる。何時でも自分の醜い姿にみなれるというと、俺も結構なものじゃな、こう思う。乞食三日すれば乞食の味わいが忘れられないという。とにかく行だけをみているというと、それが見なれれば馴れてしまう。願というものを見る時に新しい姿を見直す。見直すということは内なる願に目覚めること。願を通して行を見る。願を通して行を見るという立場を、信心為本と仰せられた。そうでなしにただ信心為本といえば何のことやら分らぬ。信の一念、何やら分らぬ。信の一念というほど分らぬことはない。信の一念ということはその如来の廻向というものに目覚める時に、即ち欲生我国ということは、如来が我を喚び給う。我々諸有の衆生を喚びたまうところの如来の言葉である。喚び声の具体的なものは何処にあるかといえば南無阿弥陀仏。これこそは欲生我国の具体化である。南無阿弥陀仏が欲生我国の具体化ということを知るのを、それを正定業という。正定の定とはさだまるということ。けれども我々は正定業を、業をさだめると読んでいる人が沢山いないか。正定とはただしくさだまるなり。さだめるのは邪定なり。邪定とは邪にさだめるなり、正定とは正しくさだまるなり。さだまるのが正定、さだめるのが邪定。さだめるのは人間が勝手にきめる。さだまるのは如来の方より自然法爾にきめて下さる。自分からきめる者は人間自分の我が邪に定める。法の上に定まらぬからまた不定という。さだめるはさだまらざるなり。きめればきめるほどいよいよきまらない。それを邪定、不定という。邪定は即ち不定なり。それだからして如来の力で定めて戴く。往生は如来の方より治定せしめたまう。それを正定という。この如来より定めたまうという時に、そこに時節というものがある。自分が定め自分が決めるというものには時節というものはない。時節のないところに本当のものはない。今更に時節ということを一念どいうは信楽開発の時尅の極促。信心が開けてくるその時節が極めて速い。幾ら早くても時節が速いということはただ徒らに速いのでない。その速いということは、速く定まるということは、それには容易ならぬ背景がある。本当に何度も苦労した人が、本当に何度も苦労して初めて速いことが分る。苦労しない人に速いことは分らぬ。本当に心の中に苦労した苦労人にして初めて、ああこういう有難いことじゃということがふと一念、一念に三大阿僧祇劫を飛び超える。一刹那に大阿僧祇の劫を、不可思議兆載永劫をたった信ずる一念に飛び超えさして貰う。一念というは信楽開発の時節の極促を彰わす。その裏には何があるか、即ち果遂の誓がある。果遂の誓ということは、如来の因位永劫の御苦労ということを念ずるのが果遂の誓である。果遂の誓を念ずるということによって初めて私共は、一方には非常に深い悲しみとまた同時にそこに大いなる喜びとが全く合致している。大概人間は喜ぶといえば喜び、悲しむといえば悲しむ。悲しむ時にはただ徒らに悲しみ、喜ぶ時にはただ徒らに喜ぶ。因にあっては徒らに悲しみ果にあっては徒らに喜ぶ。これを放蕩三昧という。因にあってもまた喜びを忘れず、果にあっても悲しみを忘れず。因と果と一貫して変らない。因果一如である。これは如来の方の生活である。人間は忽ちにして悲しみ忽ちにして怒る。悲しんで喜びを忘れ、楽しんで憂いを忘れる。これが人間の愚かさであります。いま開山聖人は第二十の願に果遂の誓ということを初めて仰しゃる。それは開山が本当に如来の御苦労を、あなたの九十年の生涯に、親様の兆載永劫の御苦労をつづめてそうして体験なされたのである。開山の御一生は九十年だけれども、その内容は法蔵菩薩の兆載永劫の彼の御苦労を短い九十年の間に摂めて、そうして味わいなされた。こういうのでありましょう。親様の御苦労のありたけを皆味わった。それが「弥陀の五劫思惟の願をよくよく案ずれば、ひとえに親鸞一人がためなりけり」。五劫兆載永劫の御苦労を一人に引受けて、そうして九十年の生涯に味わって体験して下された。

これは外のことでちょっと思いついたから、思いついた時に言っておかぬと忘れるから、お話申しておきましょう。それは受けるということであります。

弥陀の報土をねがふひと　　外儀のすがたはことなりと

本願名号信受して　　　　寤寐にわするゝことなかれ

「本願名号信受して」とある。信受は信じ受けるということ。信じ受けるということはどういうことであろうか。昔の学者達は信受するということは真受けにすることである、こう解釈する。信はまことである、受はうける。まことに受ける。真受けにすることである。こう解釈している。それでもよい。それでもよいけれどもしかしながらそんなふうに解釈してそれで既に分ったということになるというと、それでは少し足らんと思う。それで私は、本当に信ずるということはただ徒らに信ずるのではない。受けるということが大切であります。受けるとは受取ることである。この受取るということは引受けるということである。受けるということは受取る以外に引受けるということがある。はあ大丈夫引受けました。こういうことをいう人がある。金を渡しますと一万円確かに受取りました、こういう人がある。だからとにかく引受けると受取るとは、或は言葉の使いどころで意味は違うかも知れぬ。けれども大体引受けるといえば何か仕事を引受けるのである。受取るという時になれば何か品物を受取る。こういうことが主になる。けれどもまあ大工さんが仕事を受取った、お金を受取った、仕事を受取ったなどということは仕事を引受けるということ。だから因にあっては引受け、果にあっては受取る。因と果との違い。因の名を名といい果の名を号という。名号ということは因について名といい果について号という。同じ南無阿弥陀仏も法蔵菩薩としては名。昔の法蔵菩薩の本願の南無阿弥陀仏は名。今日阿弥陀如来の自在神力の名前とするならば号。合わして名号。名即号という。これが開山聖人の解釈である。因にあっては引受け、果については受取る。こういう工合にいう。どちらでも同じことであります。これについて『成唯識論』という書物がある。その書物を読んで行くとだんだん心の働きを書いて「受ける」という働きがある。受けるという働きについては、受けるということは重大な心の働きであると昔から考えられているものと見えて、インドの仏教の学問の上においては、受けるという働きについていろいろの説がある。小乗二十部と申しまして小乗教に二十部の学派が分れて、受けるということについていろいろの説があって争うているのであります。『成唯識論』は玄奘三蔵が天親菩薩の『唯識三十頌』という書物を解釈されましたものでありますが、その『成唯識論』を今度は玄奘三蔵の弟子の慈恩大師が『述記』という註釈書を書いて解釈された。それをみるというとこうある、例えばここに六十人位いる。この六十人の人の前に私が立って、御前の顔は奴《やっこ》さんのようだ。こう仮りにいったとする、そうするとこの六十人の中で五十九人までは黙っている。それは誰のことをいうか、奴さんが何処かにいるだろう。俺はまさか奴さんではあるまい、こう思う。そうしたらたった一人がツンと起って、そもそも君はこの大勢の中で自分を侮辱した。御前は俺のことを、お前の顔は奴さんだといった。その人は本当の奴さんだものだから、奴さんだということを人は分るまいと思ってよい気持で坐っていた。ところがちゃんとどういう拍子か俺の姿を見抜いたものと見えて、奴さんに似ている、こういって俺を侮辱した。人に分らぬように、よい気持できて澄まして坐っていた。それを見抜いてお前の顔はやっこさんに似ているぞと大勢の人の中で人を侮辱するとは実に不都合千万だ、この恨は何とかして晴らさねばならんぞと腹を立てた。話はこれだけでありますがこれは何を表わすか。これは受ということを表わす。これは受ということを表わす。どういうことかというと、受とは引受けること。その言葉を受取ってそれを自分に引受けた。いう人は何も別にどうということはない。ただそういうただけ。それを六十人の中のたった一人が引受けた。外の人は誰も引受けない。誰のことだろうと聞いていた。たった一人その人間が六十人を代表して自分一人に引受けた。俺を侮辱しているという。これを受という。これは悪い話であるがそれを善い方にしたらどうか。悪いことを引受けて腹を立てる。よい方を引受けたら喜ぶ。「弥陀の五劫思惟の願をよく〳〵案ずれば、ひとへに親鸞一人がためなりけり。」同じ一人に引受ける。

さればそくばくの業をもちける身にてありけるを、たすけんとおぼしめしたちける本願のかたじけなさよと、御述懐さふらひしことを、いままた案ずるに、善導の、自身はこれ現に罪悪生死の凡夫、曠劫よりこのかた、つねにしづみつねに流転して、出離の縁あることなき身としれという金言に、すこしもたがはせおはしまさず。さればかたじけなく、わが御身にひきかけて、われらが身の罪悪のふかきほどをもしらず、如来の御恩のたかきことをもしらずして、まよへるを、おもひしらせんがためにてさふらひけり。

「わが御身にひきかけて」とある。ひきかけてということは引受けると同じこと。引受けると書いてあると都合がよい。けれども今また案ずるに、開山の弥陀五劫思惟の願をよく〳〵案ずれば、親鸞一人がためなりけり。唯円房もまたその向うを張って、今また案ずるに、昔開山聖人の話を聴いて、現在この御述懐の言葉について自分が案じてみると、弥陀五劫思惟の願を一人に受けてお喜びになった。その聖人の如来の御本願を御自身一人に引受けて御述懐になった御言葉を、また今自分一人に引受けて聴聞する。聖人は別に人に向って仰しゃるのでない。自分一人に引受けて自分の自督を述べておられる。御前等に聞かせるぞと人に聞かしたのでない。自分一人にいっておられる。蔭で聴いた、そうではありません。人の前で仰しゃった。人の前で仰しゃったけれども、我等に聞かせるぞ、そう仰しゃったのでない。有難いことで、どうもこの弥陀五劫思惟の願をよくよく案じてみると、思案の頂上といえば、弥陀の五劫思惟の願に過ぎたるはなしということがある。弥陀五劫の思案というものを今度は自分一人で引受けてみる。よくよく案ずれば、よくよく思案すれば、如来の御思案を自分で思案なされる。その聖人の御述懐は必ずしも唯円大徳一人に仰しゃったのではあるまい。皆大勢寄るといえば何か御勤めでもなさる時とか、或は御飯をお上りになる時とかお茶でも飲んでおられたのであろう。そうして「弥陀の五劫思惟の願をよく〳〵案ずれば……」と話された。そういう工合にしてよく唯円房もその仲間にはいって聴聞した。その五人か七人の人と何時も一緒にいて話した、それを今また案ずるに、自分一人に引受けて案じてみる。そうして我々が自分の罪の深きことも知らず、如来の御恩の高きことをも知らずして、そうして善だの悪だということばかりいって物知り顔をしているのを聖人が戒め下されて、我等自分一人を導いて下さるのであるぞ。こういって唯円大徳も自分一人に引受けて述懐を述べておられる。一体阿弥陀如来の御本願というものは十方三世の諸仏が皆さんがなさるべきことを法蔵菩薩が、たった一人引受けて御修行なされた。我々各自各自に荷うて行かねばならぬところの業の問題を、法蔵菩薩がたった一人に引受けて、そうして御修行なされた。そういう御本願であるから聖人はその御本願をたった一人に引受けての言葉というものは皆感動する。だからして唯円大徳もまた聖人の如くたった一人に引受けた。そして『歎異抄』を書いた。『歎異抄』が今日我々に感動を与えるのも、聖人の御教訓を唯円大徳たった一人自分一人に引受けて書かれたからである。だから『歎異抄』を読む人は『歎異抄』の御言葉というものを皆各自各自一人一人に引受けて、聴聞することができるようになっている。それが有難い。大勢の人と一緒に仏法を聴いているのであるけれども、その仏法を聴く者が大勢の人の中に自分一人に引受けて聴く。皆一人一人引受けて聴く。それは人間が百人いても構わぬ。皆引受けている。大勢いるから邪魔になる、そういうことはありません。自分一人に引受けないと大勢の人が邪魔になる。自分一人に引受けると大勢人がいても邪魔にならぬばかりでなく、大勢の人がいればいるほど有難い。自分の心が曲っていると一人では淋しい、大勢寄ると喧しい。家のお父さんは我々が行くと喧しいといわれる。それならお父さんは一人でいるかというとそうでない、大勢といる。一人でいれば淋しい。一人でもいられないし大勢でもいられない。そういうことでは、それはお念仏が分らぬ人。お念仏は一人でいても淋しくない。一人でいれば静かでよい。大勢いれば賑かでよい。ところが人間の了見が間違っているというと我執が募っている。大勢寄るとうるさくてたまらん。一人でいると淋しくてたまらん。一人でいれば一人でいて書物を読む。一人でいて書物を読む人は大勢いても読む。本当に心が静かであれば、自分の側に子供が幾ら噪いでもやはり静かだ。賑かということと静かということは矛盾撞著しない。賑かなが即ち静かだ、静かなが即ち賑かだ。淋しいということと喧しいということとは矛盾撞著する。賑かということと静かということとはこれは一如である。一如であり一体である。だから賑かな世界は静かであります。静かな世界は賑かな世界であります。一人でいれば仏とともにある。大勢あれば如来の行者同行となっている。一人であれば親様と一緒にある。だからして一人でいれば静かである。大勢いれば賑かである。大勢いてもよし一人でいてもよし、大勢いればなおよし、一人でいれば一層よし。南無の二字は一人でいる境地、阿弥陀仏の四字は大勢いる境地、南無は静かなり阿弥陀仏は賑かである。南無という境地は静かな境地。阿弥陀仏という境地は賑かな境地。まあ南無という時は静かで、もう何も音がしない。ああ静かな、こんな静かなところはない。そうすると南無のたちどころに阿弥陀仏がある。静かなたちどころに賑かがある。賑かなということと静かであるということとが一体である。それを南無阿弥陀仏という。南無はこれ静なり阿弥陀仏はこれ動なり。南無の静かなところに阿弥陀仏の動きがある。静動一体である。こういう工合に、仏法を知っている者と仏法を知らない者との違いというものはそういうところにある。まあ今日は大分長くなりましたからこの位にしておきましょう。今日はお話しようと思わない話をした結果、お話をしようと思っていたことはできませんでしたが、それは明日いたします。

第五講　至心信楽は欲生に始まる

「真宗の眼目」という題で、別に系統をたててお話する訳でないのであります。一念発起平生業成というのは、ただ何もない空中の一念発起というのでないのでありまして、行体について一念発起平生業成の道理を戴く。それをはっきりしないものだから、いや『御文』の御化導はいろいろあるの、いや開山聖人と蓮如上人の境地が違うの、いやどうのこうのと、さまざまなことをいうけれども、念仏を抜いて置いて、ただ教化というものだけみている。それだものだからさまざまの御教化がある。こういうのだけれども、念仏の行体についていろいろみているのである。だからして結句するところは、一念発起平生業成ということであります。念仏の道理をどういう言葉で解釈しておろうと、一念発起平生業成のそれより外ないのであります。だからしてそのことを浄土真宗は、念仏を体として御化導になる。そういうことをずっとお話しているのであります。だからもう念仏の外に何もない。ただ念仏だけである。だからして阿弥陀如来の因位永劫の修行というものも、また御本願というものも――五劫思惟の本願というものも、ただ念仏の外にない。念仏の外にないといったとて、その時は、念仏はただ願という形のものである。願としての念仏はある。五劫永劫の時にはただ願としての念仏はある。だからして南無阿弥陀仏という言葉はなかった。それだからして本願成就して南無阿弥陀仏の願が行となって、即ち言葉となってその行の中に願が早ちゃんと成就して、それで本願成就の六字のみ名となる。その行の中にあるところの願というのは何であるかといえば、至心・信楽・欲生が願である。だからしてみ名の中心の魂は何時も欲生我国である。そのことは昨日午前中にお話した。それだからしてそれを暫く名号の上についていえば、実体は何処にあるかといえば因位永劫の間において南無阿弥陀仏は願としてあった。それが十劫正覚の本願成就の時に即ち行となって六字の言葉としてでき上った。それまではただ一つの思想といいますか、内なる願としてある。しかしながら今み名の六字について申しますれば、南無は願なり阿弥陀仏は行なり。その六字の中において、初の南無ということは内にあるところの願。阿弥陀仏は外に顕われたところの行。また因位におけるところの南無阿弥陀仏はみな願である。果上におけるところの南無阿弥陀仏はみな行である、そういう工合になります。いま六字について南無の二字は願なり阿弥陀仏の四字は行、願行一体という。だからして阿弥陀仏を信ずるところにそこにちゃんと願が成就している。願が成就しているから現生に正定聚に至る、それが本願成就。本願成就ということは何であるかといえば、信ずる一念に即得往生の益を得るということであります。漠然とただ仏の本願がむかし成就したぞ、そういうことを本願成就だと思っている人がある。そんなことを幾ら太鼓を叩いて振り廻しても本願成就でない。本願成就ということは我々が助かって初めて本願は成就する。本願は成就したが我々は助からん。それでは何も成就でない。私が助かったということが本願成就である。それを機法一体という。本願成就ということはどういうことであるか。南無帰命の一念に現生正定聚を得たということである。本願成就ということは、我々が助かって初めて本願成就。助かった人が本願成就を知って、助からん人は本願成就は知らないのである。「弥陀成仏のこのかたは、いまに十劫をへたまへり」これは助かった人の助かった喜びを言ったのである。自分が助かったことについてその御助けの由ってきたことの如来の御心の遥かに遠く、また尽未来際まで如来の御本願というものは、生きて現在して働いて下さるということを、「弥陀成仏のこのかたは、いまに十劫をへたまへり……」という。救われない者が、弥陀成仏のこのかたは今に十劫をへたまへりというのでないのです。救われた人がしみじみと親様の御苦労というものを思い出さして貰うた、そうしてこの親心というものは即ち菩薩魂、その菩薩魂というものがずっと永遠に、既に十劫をへたということは、それは如来の本願力というものは永遠に続いて尽未来際までも働いて下さる。人間の考える世界というものは働いたら損がゆくと思っている。なぜならば自分が何か作って置いて、そうそう働いただけ身心の疲労する、a－b－c－d働いただけ力が減った、だんだん働いただけ損がゆく、だからして成るべく働かぬようにする。仏の世界はどうかといえば、仏は働いたら働いただけ仏の神力が増してくる。みなa＋b＋c＋d＋e。

それは無量寿。マイナスの世界には無量寿はありません。マイナスの世界は有量寿の世界。プラスの世界において初めて無量寿。仏さまの世界と人間の世界とどう違うか。人間の世界はマイナスの世界、仏さまの世界はプラスの世界、こういうふうに申したら一応了解ができる。それを無量寿というのでありましょう。仏さまは光明無量・寿命無量という。阿弥陀如来ばかりでない。仏といえば皆光明無量・寿命無量。苟も仏さまはどんな仏さまでも法身・報身・応身と法・報・応の三身を具えておいでになる。如何なる仏も皆光明無量でなければ仏でない――、寿命無量でなければ仏でない。苟も諸仏の報身というものは、皆光明無量・寿命無量に定っている。そうしてみれば、阿弥陀如来は光明無量・寿命無量であるのはあたりまえのこと。外の諸仏はあたりまえだから別に光明無量の願・寿命無量の願というものは起されない、本願はなくとも皆光明無量・寿命無量。しかるに阿弥陀如来が特別に光明無量の願・寿命無量の願を起した。妙なことじゃ。無用の願を起しているようなもの。仏であれば光明無量・寿命無量であるのに、「設い我仏を得たらんに」、こういって光明無量でなければ仏にならぬ、寿命無量でなけれ

ば仏にならぬ、寿命無量でなければ正覚を取らぬ。何でそんな無用のことを力んでいわれたか。そういう考えをなぜ起されたか。こういうところに問題があるのであろうと思うのであります。諸仏の光明無量・寿命無量というのは、ただ諸仏自身の自覚自証だけ、自分御自身が光明無量・寿命無量それだけのこと。阿弥陀如来の光明無量・寿命無量ということは、阿弥陀如来の光明無量ならんとし、阿弥陀如来の寿命無量ならんとする時に、念ずる我々もまた阿弥陀如来と同じく光明無量・寿命無量になる。そこが違う。それを示す本願である。

超世無上に摂取し　　選択五劫思惟して
光明寿命の誓願を　　大悲の本としたまへり

光明無量・寿命無量ということも詮ずるところ南無阿弥陀仏ということ。南無阿弥陀仏が光明無量・寿命無量ということ。南無阿弥陀仏を念ずれば仏の光明無量・寿命無量を念ずるのである。だからして南無阿弥陀仏を念ずる時に、光明無量・寿命無量みな南無阿弥陀仏の主になる。それを現生不退という。それがつまり光明無量・寿命無量の本願を起して下されたところの阿弥陀如来の別願というものである。こういうのであります。

こういうことは大変意味の深いことであります。またこういうところに同じ仏でも阿弥陀如来という仏と他の諸仏と、諸仏の上について仏を念ずることと、阿弥陀如来について仏を念ずることと、念ずる意味が全く違うのであるということを、我々は発見することができるのでございます。で、光明無量とか寿命無量とかいっても、ただ光明無量を念じ寿命無量を念ずるということは、瞑想するだけでありまして、瞑想している時は光明無量というような気持もするし、寿命無量というような気持もする。けれどもそれは瞑想する時だけのことであって、醒めれば何もない。元の杢阿弥。ただ元の人間。ただ何か知らんけれどもある時期の間だけ念ずれば、光明無量・寿命無量になったような気がする。けれどもそういう気がするだけのことで、寿命無量でもなく光明無量でも何でもない。阿弥陀仏の本願というのは何であるかといえば、六字のみ名を成就する。そのみ名の中に我あり、また汝あり。こういうのが阿弥陀仏である。光明の本願というも寿命の本願というも名号の外に何もない。阿弥陀如来は光でありまた寿《いのち》であるが、その仏はただ南無阿弥陀仏と称うるところに現在なさるのである。その光の体は何であるか、則ち六字の名号が光の体をなす。如来はその名号において光明無量・寿命無量である。要するに光明・寿命の二無量の徳というも名号の徳である。

南無のところに寿命無量、阿弥陀仏のところに光明無量が在します。大体についていえばそういう工合に戴いても差支えなかろう。或は阿弥陀仏ということが光明無量・寿命無量、こうも謂われる。けれども私はそれよりもむしろ南無のところに寿命無量あり。つまり寿命無量ということは因の徳であります。光明無量は果の徳である。光明無量は如来が衆生を助けたまうところの始めである。その始めのところに光明無量がある。また寿命無量はその仏が衆生を御助けなさるところの終局のところにある。けれども光明無量も終りまで一貫し、また寿命無量も始めからあるのだ。けれどもとにかく光をもって先ず衆生を照見しそうしてそれを摂め取りて、憶念執持して遂に如来と一如であるところの無上涅槃の位までも一貫している。そういう意義をば寿命無量と申すのでありますす。つまり体は六字のみ名の外に何もない、こう言われるのであります。

だからしてこの南無阿弥陀仏において、仏あり、浄土あり、我あり、地獄あり、宿業あり、生死がある。しかし南無阿弥陀仏に浄土ありはよいけれども地獄ありは変でありましょう。けれども南無阿弥陀仏のないところに地獄もない。南無阿弥陀仏のところに初めて地獄を知らして貰う。南無阿弥陀仏に因って地獄一定を知らして貰う。地獄一定の我というのは南無阿弥陀仏の上にある。だからして南無阿弥陀仏において、迷あり、悟あり、また仏あり、また我あり、浄土あり、地獄あり。南無阿弥陀仏の外に地獄もなく極楽もない、仏もなく我もない、ただ南無阿弥陀仏がある。初めから南無阿弥陀仏がある。その南無阿弥陀仏は尽未来際まである、また現在ある。過去にも南無阿弥陀仏がありまた未来にも南無阿弥陀仏がある。内にも南無阿弥陀仏がありまた外にも南無阿弥陀仏がある。この国も南無阿弥陀仏、外国も南無阿弥陀仏。この国にのみ南無阿弥陀仏があって、外国にないならば、それは本当の法という訳にゆかない。自分の国にだけあって余所の国にないような法は本当の法でない。内に南無阿弥陀仏があれば外にも南無阿弥陀仏がある。内に南無阿弥陀仏があるが外は真暗、そういう訳はない。内に光があれば外にまた光がある。外に観ずる南無阿弥陀仏は果上の南無阿弥陀仏。内に観ずる南無阿弥陀仏は因位の南無阿弥陀仏。内に因位の南無阿弥陀仏を観ずれば外に果上の南無阿弥陀仏を観ずるのである。内に観ずる南無阿弥陀仏は寿命無量であり、外に観ずる南無阿弥陀仏は光明無量である。光明も南無阿弥陀仏、寿命も南無阿弥陀仏、ただこの六字のみ名の外に何ものもない。念ぜらるるところの仏も南無阿弥陀仏。それを機法一体という。また内外不二といい願行一体ともいう。内には願、外には行。因にあっては願、果にあっては行、願行一体、因果一体という。

大体南無阿弥陀仏は仏の正覚の名であるが、また至心・信楽・欲生我国は因位法蔵菩薩の本願の体としての南無阿弥陀仏。だからその昔の或る講者は、至心・信楽は南無の二字、欲生我国は阿弥陀仏の四字であると講釈しています。これは大いに道理あることと思います。だからして至心・信楽・欲生というのは因である。因の位にあっては三信、果の位にあっては念仏、だからして南無阿弥陀仏において三信を見出す。南無阿弥陀仏について三信を見出すが、その三信は何処に見出すか。欲生我国において見出す。もっとも三信の道理というものは深い道理があって、これをただこうであると一つに片附けることはできないでありましょう。三信については、詳細に今日お話できませんから略してお話しておくのであります。とにかく内にあっては三信、特に欲生我国、外にあっては南無阿弥陀仏。それだからして願というのは即ち欲生我国。至心・信楽・欲生我国の三信は我等衆生にあってはその願は信楽を体とする、しかしながらこれを仏の御心に求むれば欲生というところにある。まあこういう工合に言われると思うのであります。我等が本当に信心を戴くところに仏の喚び声を感ずる、即ち欲生我国という仏の静かに喚び給うところの喚び声を南無阿弥陀仏において感ずる。南無阿弥陀仏において仏の喚び声を感ずるところに、我々が仏に目覚めた者として、仏の一人子としてそこに現生不退を感ずる。現生不退ということは仏の子であるという自覚であります。仏の子ということは仏の因位の位の菩薩である、即ち法蔵菩薩である。法蔵菩薩を我なりと感ずる。だからして一人一人がみな法蔵菩薩を感ずる。南無阿弥陀仏といえばたった一つのようでありまするが、それがまたみな我々は各々の内に南無阿弥陀仏を観ずる。つまり仏の子といえば仏の因の位である。果の位にあっては親、因の位にあっては子供である。親は自分の子供を見た時に、ああこれは自分の昔の姿で懐しい。俺の昔の姿はどんなものであろうかと幾ら考えても分らぬ。皺だらけのお婆さんが、自分が子供の時はどんなであったろうかといくら沈思瞑想して考えても分らぬ。何も沈思瞑想することは要らない、自分の抱いているその孫が自分の子供の時の形である。瞑想は要らない、その目前の事実を見るべきである。自分の懐しい子供の時の昔の姿は現在目前にある。何十年の昔の姿は現在眼の前にある。お婆さんが孫を可愛がるというのはそこからきた。自分の昔の姿が眼の前にあるからそれで可愛がる。母親が自分の子供を可愛がるのはそれは二十年前の自分の姿。お婆さんが孫を可愛がるのは六十年前の自分の姿。そういう道理を教えて下さるのはお念仏である。だからして道は邇きにあり。そういう道理を聴かして貰うところのそこに現生不退がある。だからして我々はただ自分が眼をつぶって、行く先は真暗だ。何も行く先は真暗でない。お婆さんが如何に私の昔はどんな姿であろうと眼をつぶって考えても分らぬと同じように、自分の行き先をいくら眼をつぶって考えても分らぬ。分らぬから恐しい。もっとも死ぬことは恐しいものだといって脅かすものがあるから恐れる。もっとも脅かすのは脅かす必要があって脅かすのであろう。しかし死んでゆく人を見よ、その人々は何も心配気もなく死んで行く。病気でも何でも別に何も心配もなく眠るように幾らも幾らも死んで行く。その姿をみると何も恐ろしいことはない。もっとも病気によっては苦しむ者もあるであろう、しかし大したことはないと思います。だからしてそういうふうに眼を開けて、ものを見て行くのを現生不退という。みても分らぬものだけを考えて行くのを臨終現前という。臨終現前の道は今申します眼をつむって五十年前の子供の時の姿を考えるようなもの。そういうような道が第十九の願の臨終現前である。南無阿弥陀仏を念ずれば何も心配はない。どうせ自分の考えは皆地獄の種であり、自分の妄想は何にもならぬ、自力無効である。自分がどうしようこうしようといってもどうにもならない。ただ南無阿弥陀仏の相をみよ、そこに現生不退がある。南無阿弥陀仏の相をみて行くことができればそれでよいのであります。

畢竟南無阿弥陀仏の謂れが分っていないから心配する。南無阿弥陀仏の謂れが分ったら人に聴かなくてもよい訳。人に聴いてそして自分の力で助かるのでない、仏の力で助けて戴くのである。だからして別に何も心配はない。親を亡ない子を亡くした人々もそうでありましょう。自分が助かっていれば子供も助かっているだろうということが直ぐ分る。俺はお念仏したから助かっているが子供はお念仏を知らんから迷っておろう。そんなことはない。自分がお念仏で助かったら、自分の子供もお念仏で助かっているということは定っている。だから心配しないでもよい。手前の方がお念仏で助かっておらんから子供も助かっておらんだろうといって、要らぬ心配をしているということになる。それは人間の凡情としては、親の慈悲は有難いことだ、けれどもしかしそういうように自分が分っておらんから子供のことを心配する。自分が南無阿弥陀仏で助かったものならば、やはり子供も南無阿弥陀仏を称えなくともやはり南無阿弥陀仏で助かっているということが分るのであります。南無阿弥陀仏を称えるものだけ助かる。称えないものは助からぬ。そういうことはない。南無阿弥陀仏を称えるものが助かるということが本当に分ったら、称えなくても助かるということが分る。俺が南無阿弥陀仏を称えて助かった、息子が南無阿弥陀仏を称えないから助からないだろう。それは南無阿弥陀仏の謂れが分っていない。自分が南無阿弥陀仏で助かっていれば、もう子供が南無阿弥陀仏を称えようが称えまいがやはり南無阿弥陀仏で助かっている。そういうように自分が助かればやはり自分の子も助かるのである。それが自他一如、内外一如。親が子供のことを心配している。その親の自分が南無阿弥陀仏でもって一念帰命で助かっているというと、子供が仮い南とも無とも知らずに死んでも、心配しなくともよい、やはり子供も助かっている。俺は助かっているけれども自分の子は助かっていない、そういうことは高慢な考えで、自分の如きものすら助かっているのだ、だからして子供のことは心配も何も要らない。自分の如きものを助けて下さる仏さまであるからして、子供は南とも無とも聞えなかったけれども、必ず助けて下さる。自分が助かったということによって世界中の人間がみな助かっているということが分る。世界広しと雖も我一人助かっているが外の者はみな地獄に堕ちているだろう。そういうことはない。自分如き者すらこの通りはっきりとお助け間違ないという安心ができるのだからして、もはや外の者はみな助かっている。何も外の人のことを心配することは要らぬ。自分について心配しないならば外の人についても心配は無用である。心配無用ならば何もしないでよいか、そうではない。心配無用だけれども自分の子供のことについてやはり又いろいろと骨折って心配してやるということは、それは本当に有難いことだ。親の自分が救われれば子供は救われる。親が救われていれば親子兄弟みな救われている。仏法の道理というものを推して行けばみなそういうようになっている。またただ今救われておらんので、軈ては救われるであろうという見込みをおくこともあろうと思います。たとえば『歎異抄』の第四章とか第五章とかを見れば、それ等の問題について「親鸞は、父母の孝養のためとて、一返にても念仏まうしたること、いまださふらはず。そのゆへは、一切の有情はみなもて世々生々の父母兄弟なり」というようなことがあって、やはり仮い親が迷うていても、自分が救われれば軈てまた親を救うこともできるであろう。こういうように仰せられたのであります。説明すればああいうことになるのだけれども、もう一つ直接にいえば自分が救われれば自分と一緒に親も救われる。子供も救われる。そういうことをああいう工合に分り易いようにお示しになったのであろうと私は思います。

ともかくも南無阿弥陀仏――即ち本願力廻向――を円をもって描いて見ると正しく次の如くである。

それに反して念仏を自力の心でもって称えるならば、

南無阿弥陀仏

と直線になっている。直線の念仏と円の念仏。開山聖人に、「行というは則ち利他円満の大行なり」というようなお言葉がある。或は「大行とは、則ち無礙光如来のみ名を称するなり。斯の行は、即ち是れ諸の善法を摂し、諸の徳本を具せり、極速円満す。真如一実の功徳宝海なり。かるがゆゑに大行と名づく。」利他円満の大行とか、極速円満とか南無阿弥陀仏の円ができる。縦の直線の南無阿弥陀仏はただ南無阿弥陀仏と固定して全く連続がない。一声一声孤立である。けれども円い南無阿弥陀仏は阿弥陀仏・南無、南無・阿弥陀仏と限りなく続いてくる。南無・阿弥陀仏とも聞えるし阿弥陀仏・南無とも聞える。自力念仏は力んで南無阿弥陀仏・南無阿弥陀仏といくら称えても南無阿弥陀仏、南無阿弥陀仏で切れてしまう。本願力自然に出てきておいでになる南無阿弥陀仏は、南無阿弥陀仏とも聞えるし阿弥陀仏南無とも聞える。南無阿弥陀仏と称えているようでもあるし、阿弥陀仏南無と称えているようでもある。南無阿弥陀仏といっているかと思うといつの間にか、阿弥陀仏南無と言っている。これはまあ一つの説明になるけれども、実は事実であります。かく南無阿弥陀仏がまた阿弥陀仏南無と聞えるというところに、阿弥陀仏が南無に帰し、南無が阿弥陀仏に帰る。こういうふうに南無阿弥陀仏はたった一つの南無阿弥陀仏なれども、本願の念仏はたった一つの南無阿弥陀仏が無限に続いてくる。「往相廻向の利益には、還相廻向に廻入せり」というならば、南無阿弥陀仏の方は往相、阿弥陀仏南無は還相で、阿弥陀仏南無、阿弥陀仏南無と限りなく南無へ行くところに、南無より阿弥陀仏へ無限に進むところの方向と阿弥陀仏から南無へ帰って行く方向の二つの方向が南無阿弥陀仏の中におのずからある。我々が直線の南無阿弥陀仏ばかり知っていて円の南無阿弥陀仏を知らないものだから、直線の南無阿弥陀仏ばかり知っている人はどうしても臨終現前まで行かなければならぬ。私は南無阿弥陀仏を何遍称えてみても、本当の南無阿弥陀仏が称えられない。一生涯にたった一遍でも本当の南無阿弥陀仏が称えてみたい。本当の南無阿弥陀仏と嘘の南無阿弥陀仏と二つある訳はない。本当の南無阿弥陀仏はただ一遍しかない。初めから嘘と本当と二つ分けているからしていくら唱えても嘘しかない。本当のものはない。いくら皮を剝いでもいくら洗うても本当のものはない、終いになくなってしまう。薤の皮を剝ぐようなもの。薤の皮、未だ皮があるか未だ皮があるかと思って剝ぐと終いに何も無くなる。これは直線の南無阿弥陀仏しか知らぬもの。直線も真直ぐならよいけれども、まるきり稲妻みたいなような人にぶっつかる。南無阿弥陀仏あいつは憎い奴南無阿弥陀仏。念仏を唱えん仏とも法とも知らん奴を一つ驚かしてやれ南無阿弥陀仏。そういうような南無阿弥陀仏は直線だけれども、今後は二つ続けて行くと、あっちへ曲ったりこっちへ曲ったりするものだから角が立つ。お念仏に角が立つ。南無阿弥陀仏は利他円満の大行。円というものは始めもなく終りもない。円を描いてみればちゃんと始めがある。しかし円をみればどうして描いたものか、円の始めは何処でしょうか。円には始めもなく端もない。円に端がないから円は描かれないものか。端のないものをどうして描くことができるか。この数珠の端は何処でしょう。円いものには始めも終りもない。けれども数珠には限りない端がある。だからして円は何時でも描くことができる。分廻しを廻せば何時でも円ができる。円だけをみていくら思案したところでどうしてこういう円ができたものか誰も分らぬ。始めも終りもないようなものをどうして作ったものだろうか。どうして作ったかというけれども、しかしながら始めは何時でも何処にでもある。南無阿弥陀仏は円満の大行であるから始めも終りもない。けれども何時でもそこに一念帰命、信の一念というところに始めがある。信の一念というものがあれば何時でも念仏が出てくる。お念仏の始めは信の一念という。それであるからして、もう信の一念から念仏は始まる。でき上った南無阿弥陀仏をみても始めもなく終りもない。だからしてこの一念帰命に眼を開けば何時でも南無の始めは現在である。南無の始めは常に信の一念に立つ。一生涯を貫ぬいて常に現に信の一念に立っている。だからして、信の一念というものに立って念仏が何時でも称えられる。南無阿弥陀仏は何時も始めがあるから何時も何時も新しい念仏が出てくる。新しく新しく生まれてくる。たった一遍でも本当の南無阿弥陀仏が称えたい。みな嘘の南無阿弥陀仏、本当の南無阿弥陀仏はない、それは南無阿弥陀仏というものの輪をみてそうして驚いて本当の南無阿弥陀仏が称えられない。自分が称えればみな直線の念仏になるのである。本当のお念仏は円となる。だから一生涯の間にたった一遍でも円まっこい念仏が称えてみたい。こういうのでありましょう。円い念仏を称えてみたいけれども、称えるとみな直線になる。称えるとみな嘘の念仏になる。南無阿弥陀仏、南無阿弥陀仏、この円まっこい念仏が称えたい、それは自覚していないけれどもそういうのでありましょう。円まっこい念仏が称えたい。けれども称えても称えても直線の念仏しか出てこない。まあそういうものらしいのでありますが、なるほど円まっこい念仏をみてもどうしてもこういう念仏が出てくる方法がない。これは我が力で称えようとすれば円い念仏は出てこない。これは自分の自力を捨てれば、何時でもこの円の念仏が出てくる。ここに信の一念が何時でもちゃんとある。だから何時でも一念帰命するところに円っこい念仏が始まる。洵に始めあり終りありということができる。これを他力念仏といい仏恩報謝の念仏といい、正定聚の念仏という。円まっこい念仏、これは本当に自力無効と知らして貰うたところのそこに、一念帰命ということが始まる。そこに円まっこい正定業の念仏がある。本願名号正定業という。これはもはや一遍の中に無量無遍の念仏がおのずからあるから、一遍称えたら既に無限に続いてくる。これを現生不退の念仏という。本願名号正定業というのはそういう道理であります。だからして一遍も十遍も同じことである。一遍称えればもう一遍の中に十遍も百遍も、それを乃至という。乃至といえば大概の人はプラスすると思っている。乃至ということは沢山の念仏をプラスして行く、こう思っている。乃至ということは続いているということ。切れ切れのものを寄せ集めて乃至というのでありません。沢山のものを寄せ集めて乃至というのでない。乃至十念という、その乃至というものは連続すること、相続して絶えざるを乃至という。憶念の心常にして絶えざるところに乃至がある。そうでなくて乃至ということはない。だからして一念も十念も一つ。みな連続しているものであれば、一念も十念も一生涯もみな常にして、一念帰命のところに立っている。我等浄土真宗の立場は何処に立っているかといえば常に一念帰命は現在である。昔すんでしまったら過去になってしまう。過去はないもの。ないものがどうしてある、そうでない。一念帰命というものはこれは無限に連続しているもの。だからして何時でも一念帰命、一念帰命が連続している。そういうところに仏の歴史というものがある。念仏の歴史というものは、お釈迦さまが入滅なされてかららして、全く三千年隔っている。隔っていたら歴史が成立たない。三千年と今と連続しているところにそこに歴史がある。三千年猶今の如し。三千年というものは今の如く儼然としてある、そこにつまり歴史がある。だからして本当の歴史というものに眼を開いたところの人は、何時でも死んだ親に会うことができる。何時でも親は現前にある、そこに歴史がある。歴史のないただ個人主義の人間からみれば親が死んでしまえば親は過去へ行ってしまう。過去へ行ってしまうからしてこれはただ書物に書いてあるだけ。親は何処にいるか。過去帳の中にあり。過去帳は火事で燃えてしまいました。また書き直せばよいもの。要するに親は何処にあります。過去帳の中にあります。墓の中にいたり過去帳の中にいたり。そんなことじゃ情けない。親は何処にいます。今ここにおいでになります。今年は親の五十年忌を勤めた。五十年も今の如し。そこに初めて歴史の世界というものに眼を開く。歴史の世界というものに目を開いた時には、五十年も百年も現在にある。過去も現在の如し。如来というのは過去も如来なり、現在も如来なり。過去も現在の如し、現在も過去の如し。過去と現在とは連続している、持続して変らない、それを如来という。だからして過去と現在との間に少しでも切れ目があったら、もはや歴史は成立たない。切れていても続いている。切れていると我々は思っている、けれどもそれは、切れていると思うのが間違であって、本当は続いている。直接に続いている。だからして電話の線というものがあれば一里離れていても千里離れていても同じこと。千里目前にあり。続いていれば聞える。それと同じように歴史というものは、三千年の時間というものが連続している。時間に連続がある。その時間の体を表わして南無阿弥陀仏。念仏を念ずるというと三千年も今の如し。また仏を念ずれば千里もここにあり。仏を念ずれば十万億土もここにあり。仏を念ずれば五劫思惟の本願も現在にあり。その南無阿弥陀仏というものを離れてみれば目前にありといくら瞑想しても目前にない。だから南無阿弥陀仏というものは歴史の体である。南無阿弥陀仏のあるところに、そこに歴史がある。南無阿弥陀仏のあるところにそこに国土がある。国土は空間であり歴史は時間である。時間と空間とが一つになったところが具体的である。南無阿弥陀仏を念ずれば、そこに十万億土あり。だから十万億土といっても飛んで行くのでない。ここにいるまま十万億土に往生したという道理になる。道理を説いているのであって、別にここから十万億土へ飛んで行くのでない。南無阿弥陀仏を称えると、遠い所から弘誓の船でもって迎えに来なさる。その弘誓の船に乗って、生死の大海極りもなしというから、その生死の大海をえらい速さで向うの岸について行く。そんなのは純情です。純粋感情を具体化し象徴化した。だからして別に、そういう所へ連れて行くと仰しゃるから往かねばならぬ、そんなようなことも何もいう必要はない。だからして別に十万億土ということを肯定する必要もなく否定する必要もない。それはそのまま。そのままということは肯定でもなく否定でもなく、ちゃんと昔からそういう工合に、光明無量・寿命無量のその純粋感情の教義を説いておかれるのである。そういうことは唯仏与仏の知見と申しまして、即ち仏知見の世界でありまして、純粋感情の仏の世界を我々人間が彼の此のという訳でない。それはみな仏の不可思議の御方便というものであって、それは吾々人間の知るところでない。ただ私共に現在与えられているものは、南無阿弥陀仏より外はない。ただ南無阿弥陀仏が与えられている。仏さまと申しても南無阿弥陀仏である。南無阿弥陀仏がおいでになる。こういうのであります。外の仏さまは光明無量とか寿命無量とか何かのことを瞑想しなければ出てこない。薬師如来・大日如来は瞑想しなければ出ない。阿弥陀如来はそうでない。南無阿弥陀仏といったら、そこにおいでなさる。瞑想の対象になっている仏さまは救って貰ってもそれは瞑想の救いだけである。現在の救いはない。南無阿弥陀仏のあるところには現在の救いがある。現在事実救われる。事実とはどういうものであるかと言ってみると、今我々は日本の国民として、世界に対して今日重大時機に際している。ここにこの事実にぶっつかってここに救いがある。如何なることにも心を動かさず、如何なることに対しても迷がない。一時の迷はあるだろうけれども、しかしながらその迷わしに会うても心が動揺しない。自ら正しい道に帰ることができる、帰らして貰う。こういうことがつまり現生不退という。年寄りは年寄りらしくしてやはり明るい心でいられる。年寄りだってひがみ根性を起さないでいることもできる。仏のあるところは、そこに朗らかな心でいることができる。道光明朗超絶せり。朗かな光明ということは、朗らかな感情である。如来は光明なりと念ずる時、光明なりと念ずる自分が光明になる。仏が光明であるということは、それを念ずる自分もまた光明である、朗らかである。念仏において仏を念ずるを念持という。言ってみれば南無阿弥陀仏は念持の仏。黙禱をするという。何を黙禱しているか。黙禱というと頭を下げさえすれば黙禱。そういう訳でない。何を念じているか。私は自分に問うてみたい。どうも私は黙禱黙念というものはなかなかできないと思います。何を黙禱するか。光を黙禱する。光を念ずるけれども光というものは念ぜられるものではない。そこでこの仏法というものは、黙禱黙念の方法を南無阿弥陀仏の名号でもって示す。その黙禱黙念の行体として、南無阿弥陀仏というものを成就下された。世界広しと雖も、黙禱黙念の行というものは何処にもない。いろいろさまざまの行というものを教えるけれども、本当の黙禱黙念の行というものは何処にもない。ただ昔から世界にあるのは南無阿弥陀仏だけである。念仏には有ゆるものが法爾自然に妄念妄想が否定せられる。だからしてそこに肯定だけ残る。もう諸有るものはみなその儘肯定される。南無阿弥陀仏といったら自分の自力、妄念妄想、煩悩具足の凡夫、そういうものはみな否定せられてしまうから、ただ仏のみが残ってくる。したがって諸有るものが摂取されてそうしてそこに光り輝いているところの姿が現われる。念仏というと多くの人は何かみな否定するもののように思う。雑行雑修はみな駄目だ、みな否定する。お念仏は自分を否定することであり他人を否定するということはない。自分を否定してしまえば今度は誰でも肯定することができる。みなそのまま総べてを肯定するところが仏恩報謝、有難いということでありましょう。

第六講　本願を産むもの

南無阿弥陀仏は無始よりあるのだけれども、しかしながら正しく私自身にあっては、南無阿弥陀仏は自分の一念帰命から始まる。しかし大行そのものからみれば始めもないのであります。けれども本願成就ということを念ずれば、自分が救われた時そこに南無阿弥陀仏がある。自分にあっては南無阿弥陀仏は何時も信の一念から始まって、そうして自分としては何時も信の一念にある。で、この南無阿弥陀仏は決して救われないものが救いを求めるところの祈りではない。既に救われた者の救われたところの喜びが南無阿弥陀仏。即ち喜びの体が南無阿弥陀仏であります。多くの宗教の祈りは、救われない者が神へ救いを求めるのである。だからその神によって永遠に救いがない。一時は救われたように思うけれども、しかし救いは全くない。日本人なんか理論がはっきりしていないからして何か知らん有耶無耶に葬っている。けれども西洋人の方は総べて理論的に組織しているのであります。だからして極めて明瞭である。やはり神は、未だ救われないものが救うところの神を証明している。つまり神に救われるということは、人間が万物の霊長であるということを神によって証明して貰えばよい。それを証明するために神に祈りをかける。万物の霊長だということが証明せられておらないから万物の霊長だというその証明を祈る。それがつまり祈りだろうと思う。そうして神を証明した。つまり自分の祈りそのものの体が神である。だからしてこの人間の祈りはどうしても未だすくわれないから祈るのである。未だ救われておらないから救われることを祈って、そうしてその救いを祈るというところにそこに神の存在を証明するのであります。そこでつまり神によって一応は救いを得たように感ずる。けれどもしかしながら深く更に反省してみれば、自分が救われないから神に証明を求めている。未だ救われない祈り、そのものをもって神の体としているのだからして、結局どうなるかといえば一応は神を証明すればば、それで救いの鍵を得たように感ずる。けれども更に深く反省してみるというと、結局救うことも救われないこともその鍵は神に握られてしまった。初めは鍵を自分が持っていた。その鍵を今神さまに渡した。大事な救うとか救われないとかいう鍵を初めは自分で持っていたのだ。けれども今その神を見出した時に、その大切な鍵を神さまに渡してしまった。そうすれば神さまに頭が上らない。活殺の権利は神にある。だものだからして未だ本当に助かっていないからして、神さまがどうしようとこうしようと神に権利がある。そうすると人間は神の奴隷になる。万物の霊長だということを証明するために神に証明を求めたのであるが、結局その神を証明するということは、自分を証明するために神を証明する。神の証明が神を証明するものでなくして、神を証明することは自己が万物の霊長であるということを証明する。その手段に神を証明した。ところがその神を証明し得て、一旦はそれで安心して今まで持っている鍵をみな神に渡してしまった。しかしながら自分の救いが一向証明されていない。ただ活かそうが殺そうが神さまの随意だということだけ分った。故に前は鍵を自分が持っていたのだから不安は不安だ、けれども未だよかった。今度は鍵まで向うへ取られてしまって、前よりもっと大きな不安になった。その腹立ち紛れに今度は唯物論が出てきた。神に対して反抗復讐するのが唯物論、即ち虚無論。あれはつまり神に対する反抗である。この神を認めるのが唯心論。神を否定するのが唯物論。唯心論も唯物論も畢竟するに自我論である。即ち神を中心にして立てた我の論であります。多くの人は唯心論は善いもので唯物論ばかり悪いものだと思っている。けれども私から考えれば唯物論も唯心論も同じ仲間、共に自我論である。だからして唯心論が一転して唯物論になったのであるからして、唯物論が面を被れば唯心論になる。世の中の人はそれをもって転向だと思っている。唯物論者が唯心論の面を被るというと転向だという。しかしながら結局同じ自我論であって我というものが絶えない。だから要するに人間の思想は我の発展である。人間の学問は総べて我の発展であった。哲学というものは我の発展の歴史が哲学史である。そこに法というものがない。ただ我だけある。多くの人は仏教は唯心論だと思っているようであるけれども私はそう思わない。多くの宗教が仮い唯心論であっても、仏教は決して唯心論ではなく無論唯物論でもない。仏教は論ではない。故に論がないから論理もなく理論もない。論理・理論を超越して仏法がある。論理は我の武器である。論理とか理論というものは我の武器であり自我の発展の武器である。即ち闘争の武器であり戦い取るところの武器である。だから自我のあるところに闘争がある。そこには帰命ということはない。法の世界にのみ帰命がある。南無帰命は我の世界には無いと思います。私共は現実だの理想だのといっていますけれども、その現実とか理想とかいうものは、つまり現実の人生の闘いに対して理想の平和というものを求め、現実の人生の彼岸に、絶対平和の理想界というものを憧れるものでありましょう。しかしながらその理想というものはただ理想としてみれば、如何にも平和であるけれども、またそれの現実の相は闘いである。理想というものの現実の相は現在の人生をみなければならぬ、つまり理想主義だの現実主義だのというのでありますが、結局同じ仲間であります。ちょうど時計の振子が右の方へ行ったり左の方へ行ったりすることと同じことでありまして、右の方へ行けば理想主義、左の方へ行けば現実主義、けれどもそれを綜合するところの主体は我であります。我というものが理想と現実とを綜合している。我というものは理想と現実との矛盾を綜合するところの主体である。こういう工合に考えられている。だからして遂にその矛盾を永遠に克服して行くのが我である、こういう工合に考えられているのであります。そうして限りなき流転の歴史を歩んで行くのであります。だからして人間の学問にあってはただ流転のみがある。つまり唯物論と唯心論とが、観念論と唯物論とが闘った。つまり観念論の理想主義とそれからして唯物論の現実主義と、この二つが闘い争うて、そうして結局自我というものがそこに発展して行く。これが現代人の歴史観であるように思うのであります。

しかしながら私共の歴史観の体は何であるかと申せば念仏の法である。即ち我々一切の者が帰依すべきところの法が歴史の体である。私共の救いの真実の歴史の体というものは南無阿弥陀仏というものである。こういうように私は信ずるものであります。法とは常住でありまた平和である。常に常住平和であって、そうして常に現在するものが法である。そこにはなんの矛盾もないのであります。そうして法はそれにおいて衆生が生まれ、それにおいて衆生が死んで行く。衆生の上には生と死というものがある。しかしながら法においては生もなく死もなくして、常に現在しているのであります。法は常に現在しているから我々衆生は南無のところに生まれて、そうして阿弥陀仏のところに死んで行くのであります。衆生としては生と滅とがある。けれども南無阿弥陀仏の法そのものからみれば常に常住であって、そうして衆生を限りなく摂め取る。つまりいってみれば仏の御助けということにつきましては、二つの方面があるようであります。一つは廻向であり、一つは摂取である。つまり廻向のところに衆生が生まれ、摂取のところに衆生が死んで行く。廻向はこれ因であり、摂取はこれ果である。南無はこれ廻向であり、阿弥陀仏はこれ摂取である。かくの如く生も死もともに如来を離れられないのである。廻向というのはつまり衆生が如来の法の中からして呱々の声を挙げて生まれてきたのでありましょう。摂取というのは既に外に生まれたるところのものが、また再び法の懐の中に帰り行くことであろうと思います。そういう工合に考えれば二つ別もののようであるけれども、それは一念同時にあると思います。ただ一念同時の前後であります。前念・後念の同時という。けれども同時ということはやはり時間の連続であります。

で、この間欲生のお話をいたしましたが、欲生はつまり如来の廻向心である、こういうのであります。廻向ということは本当に自力無効ということを知らしめるところを廻向心と申すのであります。これはこの間からもそのことについていろいろ質問もあったのでありますが、廻向ということは我が国に生まれんと欲えということ。これは仏からみればみな子供である。仏の子供が親を忘れ、自分の故郷を忘れてそうして旅にさ迷うている。つまり法の子供が法の親の故郷を忘れてさうして所謂、我の世界へさ迷うて行ったのであります。それを呼び戻す言葉が、我が国に生まれんと欲えということ。放蕩息子が長い間親を忘れてそうしてだんだん零落ぶれてしまって、全く親のことを思い出さなかったのが、いよいよ窮した時に、南無阿弥陀仏を思い出した。そうしてそこに故郷を思い出した。つまり南無阿弥陀仏というものの中に、我が国に生まれんと欲えという親の喚び声を見出した。その親の喚び声が即ち久遠の喚び声でありましょう。久遠の喚び声を今初めて聞いた。だからして願生ということは俺が願生するのでない。親の喚び声を聴くということが願生でありますが、親の喚び声といえば南無阿弥陀仏が親の喚び声の体である。即ち親そのものである。南無阿弥陀仏の名号は親そのものであり、そこに親の喚び声を聞いた、こういうのであります。親のお喚び声を聞くということは願ずることである。南無阿弥陀仏は正しく現在の如来である。現在の親であるが、その現在の親の体の中からして久遠の親の念願力、親の本願に立ち帰らしめられ、親の本願の声を聞くのがそれが欲生我国であるということである。欲生我国といって別にそんな言葉が何処かにあるのでない。南無阿弥陀仏において欲生我国ということは願ずるということ。それを本当の機というのである。それが即ち純粋の機であります。いわゆる自力の機でなくして如来廻向の機であります。欲生というのは第十八願の中にある。けれどもそれがしかも第十八願の心臓であり、第十八願の中心であり原理である。そうしてそれがまた同時に十九・二十願を通じて、十九・二十の願をも我々に感ぜしめ、またその十九・二十願をも否定し超越するところの原動力が即ち欲生我国というものでありま す。こういう工合に戴くのであります。

それでこの欲生我国というものが第十八願を立体化せしむるものである。欲生我国がなければ第十八願は平面的なものであります。つまり欲生我国が、昨日申しましたところの果遂の願の体である。それだからしてこの第十八願の中に欲生我国があるというと、信楽といえば他力であるけれども欲生というと何か自力のように感ぜられる。第十八願だけ欲生我国だという者がある。欲生といえば何か自力のようにどうしても感ぜられる。それがまたいろいろの異義とか異安心とかいうものの本になる。しかしまた本当の安心というものも欲生がなければ得られない。ちょうどさきほど申しました円のようなもので、第十八願は至心信楽だけみているとただ眺めているだけのこと。非我境界、吾々の境界にあらず、始めもなく終りもない。ただ円をみているようなもので、どうしてみようもない。円を見た時にはどうして書いてよいか分らぬ。その円を描くところの道を示すものが欲生我国である。至心信楽はただ円をみているだけで、円をみているだけでは自分はどうしてもそういう円を描くことができない。円は見えるけれども円が円満であれば円満であるほど非我境界を歎ぜざるを得ない。その円を描くところの道は欲生が教えている。一念帰命の信心を発起せしむるところのその道を欲生は教えている。そうでありましょう、ただ人をみてあの人はまあ立派な信者であるが我々は及びもつかないという。そういう立派な人の姿は円でありましょう。仏さまの御姿も円である。立派な妙好人の姿も円である。法然さまの姿も円い姿。円光大師という。円光大師をただ驚歎をして及ばざるを悲観するだけである。それはなるほど一面からいえば自力無効であるが、その自力無効ということを本当に知らしてくれるものが欲生である。だからして欲生は一応は自力を認めてくる。そうして本当にその人の経験に由って自力無効ということを知らしめる。そこに欲生の真義がある。人間はいろいろやってみて失敗してこれもいかん、ああやってみてもいかん。いかんものなら止めておけ。そういうものでない。まあやらしてみる。何遍でも何遍でもやってみよ、できるかできないかやってみよ、それが欲生であります。それだからしてだんだん失敗して、その失敗が単に失敗ではなくやってみて初めて無効を知らしてもらう。だからして経験してみてはじめて駄目ということを教えてもらう。果遂の誓というものは何処までもやってみて、またやらしてみて、やろうと思えば大いにやりたまえ。そうして自力無効ということを知らしめてもらう。こういうところに果遂の誓ということがある。その果遂の誓というものの根源原理というものが欲生我国である。だからして欲生我国は果遂の誓と選択本願との二つを一つならしめるものである。吾等はその一面のみを見て自力だと思う。自力を通じて自力無効を知らしめる。それが欲生である。ただ信楽では本当の信楽だという証拠にはならぬ。本当にやってみて本当に自力無効が知らしめられたところに初めて純粋の信楽というものを成就する。やってみもしないでよい加減のことをしてどうしても駄目なものだ、どうやっても駄目なものじゃ、やらん方がましじゃ、それは信楽というものではない。何処までも何処までもやってみるところにそこに仏の御苦労がある。人間的に考えれば無駄骨を折っているようであるが、仏の御苦労というものを感ずる時になればそれは無駄ではない。それはみな意味を有つ。けれどもしかし仏の御心を内観してみればそれが無駄ではない。それを通してそこに仏の御苦労が知られる。だからして何も無駄は一つもない。世の中に無駄というものは一つもない。果遂の誓では無駄がない。果遂の誓というものを知らないものは、雑行は無駄なものであったり、あんなものは捨ててしまえ。こっちから捨てると思うたから無駄だけれども向うから捨てしめて下されたからということを念ずる時になれば、やはりそこにも何か深い意味がある。我々のすること為すことがみな無駄ではない。そこにみな念仏の光がある。無駄なようなことの中にお念仏の光がある。単なる雑行雑修そんなものはない。みな立体的である。現実の我々の日暮しというものは、みなどうせ死ぬのだから早う首を吊って死んだ方が近道だということになる。楽しみをしたって結局しまいになれば夢みたいなようなものだからまあ早う往生した方がよい。そういう工合にも考えられる。若し果遂の誓というものがないことになれば、朝に道を聞けば夕に死すとも可なり。お釈迦さまは三十五歳で成道なされた時にもはや長い間の迷を晴らしてしまった。だからしてもはや自分は何も知ることがなくなった。今まで迷の仕末をするために長い間生きてきた。仕末してしまえばもう自分の仕事は済んだから、早速これから食べるものも食べないで入滅しよう。こういう工合に念ぜられた。ところが直ぐに天が現われて、「待って下さい、貴方は今までは本当の仕事はなさらなかった、これから仏としての大きなお仕事があるじゃありませんか。」こう申上げた。なるほどそうであるというので釈尊は入滅することをお止めになった。それからやはり食べものをおとりになって、そうして八十歳までの間仏法を弘めて下された。だからもはや南無阿弥陀仏というものを教えて戴けば仕事はなくなった、もはや我こと終れり。ところがそうではない。これから本当の仕事がある。これが果遂の誓でありま す。この果遂の誓というものを念じて初めてこの迷の世界につきせぬ仕事がある、こういうのであります。だからして信の一念は何時も現在にある。こういうのであります。

で、三願転入ということは、第十八願の欲生我国というものが根本である。その欲生我国というのは何か、十九の願の欲生我国、第十八願の欲生我国、二十の願の欲生我国と別々に欲生我国はあるように言ってある。けれども欲生我国は一つしかない。体そのものは一つでありますけれども、それが機の上について暫く三重に現われているのであります。機の上においてこそ三重に現われているけれども法からいえば一つであります。要するに第十八願の欲生我国ただ一つしかない。欲生我国は第十八願の中にあるのであるけれども、同時に第十八願を生み出すところの原理母体である。ちょうど女性が子供を産むようなものでありまして、女性の体の中に子供を産む元を持っている。母体があれば子供の種がある。その種がまた子を産む種を持っている。それは重々無尽でありま す。さういうものは目に見えぬが一粒万倍と申しまして一粒の米の中に稲になりたくさんの米になるところの元がある。その中にまたその元がある。そういうようなものでこの欲生というものを取ってしまうというと、第十八願というものはただほんの完成したものだけである。ちょうど親のようなものである。その第十八願の中に欲生がある。欲生というものは第十八願の根元である。だからその根元が見つからぬような第十八願というものは死んだものだ。だからその根元があるからそれが法蔵菩薩、その正体は何かといえば欲生我国である。阿弥陀如来の正体もまた欲生我国である。因と果とを欲生我国が貫通している。また親様も欲生我国、我々も欲生我国。親と子と貫通している。そうじゃありませんか。迷っていても欲生我国、悟っても欲生我国、悟と迷と貫通している。それはちょうど人間の中に一つの新しいものを生殖するところの一つの本質がある。それと同じようなものであります。だからして人間の命は直き死んでしまう。けれどもちゃんとまた自分の後継ぎを作るだけの根元を備えている。第十八願というのは一人の人間のようなものである。第十八願の中の欲生我国というのは限りなくまた第十八願を産み出して行くところの根元である。ちゃんとそういう仕掛けがある。それを知らずにただ信楽一つさえあればこういう信楽というものはどうして出てくるか。欲生があって信楽が出てくる。欲生がないところに信楽は出てこない。だから自覚の原理それを知るのが廻向心である。

だから欲生は第十八願の中にあって而も第十八願を超越して、第十八願の根元となって欲生は内に第十八願を表わし外には二十の願を表わす。外からみれば二十の願、内からみれば十八願。こういうものです。だからして多くの人は徒らに欲生の外相をみてそうして自力なりと悲しむ。けれども欲生の内面をみよ。こういうのであります。もう欲生というところに総べての仕掛けがある。そういう不可思議の仕掛けというと神秘主義のようでありますけれども、南無阿弥陀仏という現行の果体を持っているのである。その原理が欲生我国でありますからして、その欲生にそういう仕掛けがある。総べて仏法の問題というものはあらゆる問題の根元はみな欲生にある。欲生というものが吾々人類に与えられた課題である。こう私は戴いているのでございます。

まあそういうようなもので話がむずかしいようであります。だからしてこの欲生というものが即ち、産むとか生まれるとかいうことが、これが思想界として正しい思想でないかと私は思います。この頃は何かというと創造、造るということをいいます。けれども仏法は産むということと生まれるということであります。決して子供というものは造ったものでない。子供は生まれたものである。単に子供のみではない。この世界にみな生まれたものである。これはやはりみな生まれるというそういう関係で成立つ。外国の思想は造るものと、造られるものという関係で成立っている。だからしてその流れを汲む現代人は神に造られて、そうして神に真似て人生を造って行こう。そういうように考える。人生を造り文化を造り歴史を造る。何でも人間は神さまと同じようにものを造ろう。こういうように考えております。造られたものは遂にまた造られたところに満足しないのである。産み出されたものは産んだものと競争しない。産み出されたものは常に産んだものを親として、そうしていくら自分が偉くなっても生まれたものは常に自分を産んで下されたところの親を忘れないと私は思うのであります。造られたものは創ったものに対して恩が無いと思います。なぜかならば創ったものと造られたものとの間にそこに一体の繋りがないからであります。創ったものと造られたものとは偶然の関係にしか過ぎない。産んだものと生まれたものとはそこに久遠の繋りを持つ。そういうところに仏教即ち我々の伝統の道というものと根本の違いがある。こう私は思うのであります。思い浮べるに委せて話をしているのでありますからいろいろのことをお話いたしましたけれども、みな中途半端のお話になっているようであります。

要するに南無阿弥陀仏で助かる。南無阿弥陀仏の外何もない。如来さまは南無阿弥陀仏だけだ、南無阿弥陀仏の法で助かるものだ。仏さまが助けてくれるのでなくて、南無阿弥陀仏で助かるのだ。助かる法を南無阿弥陀仏という。だからして南無阿弥陀仏で助かったことに対して、俺は御前を助けるのだぞといって威張る仏さまは要らない。別にこちらの方からして仏さまに助けてもらったからして仏さまに気兼ねをしなければならぬ。そういうこともない。ちっとも仏さまの方から恩をお着せなさる訳も何にもない。

ちゃんと衆生のために南無阿弥陀仏の法を成就してある。みながこの法さえ戴ければ必ず助かるのである。だからしてその法を起して下された仏さまは何処にいらっしゃるか。それは知りません。とにかく法が仏さま、こう私共は念じて、そうしてその法を念ずる。法は仏さまの法であるけれども、仏さまが念ぜしめ成就下されたところの法である。だからその法の中に仏さまもおいでになる。我（仏）はその念仏の中にいるのだぞ、こういうのであろうと私は思う。だから仏さまは念仏を成就して、成就した仏さまはここにある、成就された念仏はここにある。こういうふうに対立するのでなくして南無阿弥陀仏を仏さまが成就した時に仏さまは念仏の中に入ってしまった。ただ念仏しかない。この念仏が仏さまなんだ。だからしてもはや助ける仏さまというて別にないのである。ただ助かるべきところの法があるだけである、そういうのであります。ただ法体がある。法によって助かる。助かってもまた法の中に助かっている。助かったといって助かったものと、助けたものの法と二つあるのでない。助かったということは法の中に帰して助かる。だからして助ける仏さまも念仏の中においでになる。助かる衆生も念仏の中にいる。ただあるのは念仏だけ。これだけは無始久遠より尽未来際まで滔々として流れている。そこに仏さまあり衆生あり、機法一体の南無阿弥陀仏、こう申すのであります。そういう道理が仏法の道理と申すのであります。この仏法のお助けという意味と、外の世界中のいろいろのお助けという意味とは全く意味が違っている。全く南無阿弥陀仏の法たった一つしかない。だからして南無阿弥陀仏が即ち浄土。南無阿弥陀仏の歴史から生れて南無阿弥陀仏の歴史の中へ摂め取られる。そうして南無阿弥陀仏のあるところに永遠に成仏している。そうしてもう南無阿弥陀仏に一遍摂め取られたら永遠にそこから追い出される気遣いがない。この一生は南無阿弥陀仏の中にある。未来の浄土も南無阿弥陀仏の歴史の中に連続してあるからして、歴史を離れてお浄土があるのでありません。尽未来際まで南無阿弥陀仏の歴史が続くのであります。これが浄土真宗の真意であります。念仏往生ということは、念仏と往生と二つあるのでなくして、念仏さして戴くことが往生であります。だからして死んでお浄土へ往生しても南無阿弥陀仏、何処までも永遠に南無阿弥陀仏、もうはやこれ位で南無阿弥陀仏をやめてやろう、そうではありません。幾ら行っても南無阿弥陀仏であります。そうして南無阿弥陀仏の味わいはどれほどの深味があるか、その深さも知れない。こういう南無阿弥陀仏。そういうことが浄土真宗の眼目であるというのであります。乱雑なような言い方をしているようですけれども、事柄は明瞭であり、又簡単であるのであります。

あとがき

本書は戦後間もなく丁子屋書店から刊行されたものでありますが、その後久しく絶版となり、『選集』にも洩れておりました。この度、名古屋で〝清沢満之先生に学ぶ会〟を主宰せられる亀井鉱氏はじめ各地の方々の切なる御要望に応えて、法蔵館の御好意により復刊されることになりました。

信心が自力の信か他力回向の信かを証明するものは欲生心であり、欲生我国こそは如来の本願の眼目である。仏法の根本的な課題は欲生心というわれわれの純粋感情に目覚めることである。この欲生心に目覚めなければ、私達の日々の生活の営みはすべて虚仮雑毒の行に過ぎないが、欲生心に目覚めることによって雑事がそのまま無駄でなく仏のみ心に叶うようになる。人間の追求する理想は結局は自我の投影に過ぎない。自我のあるところには常に闘争があり、絶対平和の理想境も実現してみれば新たなる闘争の場に他ならない。南無阿弥陀仏の中に自己が解消されることによってのみ、私達は永遠の世界に触れることができるのである。

三十七年前に父を招いてこの講話の場を提供下さった三浦叩石氏も既に故人となられましたが、復刊の機会に改めて本書を一読して、今年七回忌を勤めた父の生前を追憶しております。私は幼少時から父に「お前の耳は福耳だから、きっと仕合わせになれる」とよく言われたものでしたが、人生誰しも順境にある時には幸福感にひたることができて報恩感謝を口にしても、一度災禍に遭遇すれば、果して安心立命が得られるものであるか否かは、生死無常の世界にある限り私の脳裏をはなれることのない一大事であります。「お前は福に恵まれている」という父の言葉の意味を改めて考えさせられるものであります。

終りに本書の再刊に際し、校正と出版の労を担当頂く法蔵館主西村七兵衛氏の御好意を深く感謝致します。

昭和五十二年九月

曾我信雄

真宗の眼目

一九七八年　二月二〇日　第二版第一刷発行
一九八八年一〇月　一日　第二版第四刷発行
二〇一六年　七月二〇日　新装版第一刷発行

著　者　曽我量深
発行者　西村明高
発行所　株式会社 法藏館
京都市下京区正面通烏丸東入
郵便番号　六〇〇-八一五三
電話　〇七五-三四三-〇〇三〇(編集)
〇七五-三四三-五六五六(営業)

印刷・製本　株式会社 デジタルパブリッシングサービス

ISBN 978-4-8318-6545-8 C0015